BIBLIOTHÈQUE CONTEMPORAINE

OCTAVE FEUILLET
DE L'ACADÉMIE FRANÇAISE

JULIA
DE TRÉCOEUR

PARIS
MICHEL LÉVY FRÈRES, ÉDITEURS
RUE AUBER, 3, PLACE DE L'OPÉRA
LIBRAIRIE NOUVELLE
BOULEVARD DES ITALIENS, 15, AU COIN DE LA RUE GRAMMONT
1872

OEUVRES COMPLÈTES
D'OCTAVE FEUILLET
DE L'ACADÉMIE FRANÇAISE

MICHEL LÉVY FRÈRES, ÉDITEURS

ŒUVRES COMPLÈTES
D'OCTAVE FEUILLET
DE L'ACADÉMIE FRANÇAISE

Format grand in-18

M. DE CAMORS, 13ᵉ édition.	1 vol.
SCÈNES ET PROVERBES, nouvelle édition	1 —
SCÈNES ET COMÉDIES, nouvelle édition	1 —
BELLAH, nouvelle édition	1 —
LA PETITE COMTESSE, le Parc, Onesta, nouvelle édit.	1 —
LE ROMAN D'UN JEUNE HOMME PAUVRE, nouv. édit.	1 —
HISTOIRE DE SIBYLLE, nouvelle édition.	1 —
JULIA DE TRÉCŒUR	1 —

JULIE, drame en trois actes, en prose.
LE POUR ET LE CONTRE, comédie en un acte, en prose.
LA CRISE, comédie en quatre actes, en prose.
PÉRIL EN LA DEMEURE, comédie en deux actes, en prose.
LE VILLAGE, comédie en un acte, en prose.
LA FÉE, comédie en un acte, en prose.
DALILA, drame en trois actes, six parties, en prose.
LE ROMAN D'UN JEUNE HOMME PAUVRE, comédie en cinq actes, sept tableaux, en prose.
LA TENTATION, comédie en cinq actes, six tableaux, en prose.
LE CHEVEU BLANC, comédie en un acte, en prose.
RÉDEMPTION, comédie en cinq actes, en prose.
LA BELLE AU BOIS DORMANT, comédie en cinq actes, en prose.
MONTJOYE, comédie en cinq actes, en prose.
LE CAS DE CONSCIENCE, comédie en un acte, en prose.

PARIS. — J. CLAYE, IMPRIMEUR, 7, RUE SAINT-BENOIT.

JULIA DE TRÉCOEUR

PAR

OCTAVE FEUILLET

DE L'ACADÉMIE FRANÇAISE

PARIS

MICHEL LÉVY FRÈRES, ÉDITEURS
3, RUE AUBER, 3, PLACE DE L'OPÉRA

LIBRAIRIE NOUVELLE
BOULEVARD DES ITALIENS, 15, AU COIN DE LA RUE DE GRAMMONT

1872

Droits de reproduction et de traduction réservés

JULIA

DE TRÉCŒUR

I

Tous ceux qui, comme nous, ont connu Raoul de Trécœur dans sa première jeunesse le croyaient destiné à une grande renommée. Il avait reçu des dons très-remarquables ; il reste de lui deux ou trois esquisses et quelques centaines de vers qui promettaient un maître ; mais il était fort riche et avait été fort mal élevé : il tourna vite au dilettantisme. Parfaitement étranger, comme la plupart des hommes de sa génération, au sentiment du devoir, il se laissa emporter à toutes guides par ses instincts, qui étaient, heureusement pour les autres, plus vifs que malfaisants. Aussi le plaignit-on généralement quand il mourut en pleine jeunesse, pour avoir aimé sans discrétion tout ce qui lui était agréable. Le pauvre garçon, disait-on, n'avait fait de mal qu'à lui; — ce qui, d'ailleurs, n'était pas exact.

Trécœur avait épousé à vingt-cinq ans sa cousine Clotilde-Andrée de Pers, honnête et gracieuse personne qui n'avait d'une mondaine que les élégances. Madame de Trécœur avait vécu avec son mari dans une région de tempêtes malsaines où elle se sentait dépaysée et comme dégradée. Il la tourmentait de ses remords presque autant que de ses fautes. Il la regardait avec raison comme un ange et pleurait à ses pieds quand il l'avait trahie, se désespérant d'être indigne d'elle, d'être victime de son tempérament et d'avoir vu le jour dans un siècle sans croyances. Il menaça un jour de se tuer dans le boudoir de sa femme, si elle ne lui pardonnait ; elle lui pardonna, naturellement. Toute cette partie dramatique troublait Clotilde dans sa vie résignée. Elle eût préféré un malheur plus tranquille et sans phrases.

Tous les amis de son mari avaient été amoureux d'elle et avaient fondé de grandes espérances sur son abandon ; mais les maris infidèles ne font pas toujours les femmes coupables. C'est même souvent le contraire, tant ce pauvre monde est peu soumis aux lois de la logique. Bref, madame de Trécœur, après la mort de son mari, demeura sur la rive, épuisée et brisée, mais sans tache.

De cette triste union était née une fille, nommée Julia, que son père, malgré toutes les résistances de Clotilde, avait gâtée à outrance. On connaissait l'idolâtrie de M. de Trécœur pour sa fille, et le monde, avec sa mollesse de jugement habituelle, lui pardonnait volontiers sa vie scandaleuse en faveur de ce mérite, qui n'en est pas toujours un. Il n'est pas très-difficile, en effet, d'aimer ses enfants; il suffit de n'être pas un monstre. L'amour qu'on leur porte n'est pas en lui-même une vertu : c'est une passion qui, comme toutes les autres, est bonne ou mauvaise, suivant qu'on en est le maître ou le valet. On peut même penser qu'il n'est point de passion qui puisse être plus que celle-là féconde pour le bien ou pour le mal.

Julia paraissait magnifiquement douée; mais son naturel ardent et précoce s'était développé, grâce à l'éducation paternelle, comme en pleine forêt vierge, à tort et à travers. C'était une petite personne brune et pâle, souple, élancée, avec de grands yeux bleus, pleins de feu, des cheveux noirs en broussailles et des sourcils d'un arc superbe. Son air habituel était réservé et hautain; cependant, elle déposait en famille ces apparences majestueuses pour faire la roue sur le tapis. Elle avait des jeux qu'elle inventait. Elle traduisait ses leçons d'histoire en petits drames mêlés de discours au peuple, de dialogues, de musique et particulièrement de courses de chars. Malgré sa mine sérieuse, elle était bouffonne à ses heures, et parodiait cruellement les gens qui ne lui plaisaient pas.

Elle montrait pour son père une prédilection passionnée, bizarrement combattue par les sentiments de pitié attendrie qu'inspiraient à son jeune cœur les tristesses de sa mère. Elle la voyait souvent pleurer; elle se jetait alors à ses pieds en peloton, et demeurait là pendant des heures, immobile et muette, la regardant d'un œil humide et buvant de temps en temps une larme sur sa joue. Elle ne lui demandait jamais pourquoi elle pleurait. Elle avait apparemment saisi, comme beaucoup d'enfants, quelques échos des douleurs du foyer. Sans nul doute, sa vive intelligence se rendait compte des torts de son père; mais son père, ce beau cavalier, spirituel, généreux et fou, elle l'adorait, elle était fière d'être sa fille, elle palpitait de joie quand il la tenait sur son cœur. Elle ne pouvait ni le juger, ni le blâmer. C'était un être supérieur. Elle se contentait de plaindre et de consoler de son mieux cette créature douce et charmante qui était sa mère et qui souffrait.

Dans le cercle des relations de madame de Trécœur, Julia passait simplement pour une petite peste. Les *chères madames*, comme elle les appelait, qui ornaient les jeudis de sa mère, se contaient les unes aux autres avec amertume les scènes d'imitation comique dont l'enfant faisait suivre leur entrée et leur sortie. Les hommes se regardaient comme favorisés quand ils n'emportaient pas un chiffon de soie dans le dos. Tout cela divertissait fort M. de Trécœur. Quand sa fille exécutait, avec une demi-douzaine de chaises, quelqu'une de ces courses olympiques qui faussaient tous les pianos du voisinage :

— Julia! criait-il, tu ne fais pas assez de bruit... Casse un vase !

Et elle cassait un vase ; sur quoi, son père l'embrassait avec enthousiasme.

Cette méthode d'éducation prit un caractère plus grave à mesure que l'enfant grandit et devint une fillette. La tendresse de son père se nuança d'une sorte de galanterie. Il la menait avec lui au Bois, aux courses, au spectacle. Elle n'avait pas une fantaisie qu'il ne prévînt et ne comblât. Elle eut à treize ans ses chevaux, son groom, une voiture à son chiffre. Déjà malade et se sentant peut-être mortellement atteint, ce malheureux homme accablait cette fille chère des gages de sa funeste affection. Il éteignait ainsi tous ses goûts par une satiété précoce, comme s'il eût voulu ne lui laisser que le goût du fruit défendu.

Julia le pleura avec des transports furieux, et conserva pour sa mémoire un culte ardent. Elle avait un appartement particulier, qu'elle remplit des portraits de son père et de mille souvenirs intimes autour desquels elle entretenait des fleurs.

Madame de Trécœur, comme la plupart

des cousines qui épousent leur cousin, s'était mariée fort jeune. Elle resta veuve à vingt-huit ans, et sa mère, la baronne de Pers, qui vivait encore, et qui était même des plus vivantes, ne tarda pas à lui suggérer discrètement la convenance d'un second mariage. Après avoir épuisé les raisons pratiques, et fort sensées d'ailleurs, qui semblaient lui conseiller de prendre ce parti, la baronne en venait aux raisons sentimentales :

— De bonne foi, ma pauvre fille, disait-elle, tu n'as pas eu jusqu'ici ta part de bonheur terrestre... Je ne voudrais pas dire du mal de ton mari, puisqu'il est mort; mais, entre nous, c'était un fier animal... Mon Dieu, délicieux par instants, je te l'accorde, — j'y ai été prise moi-même, —

comme tous les mauvais sujets !... d'ailleurs, monstrueux,... monstrueux !... Eh bien, certes, je ne dirai pas que le mariage soit jamais un état de pure félicité;... néanmoins, c'est encore ce qu'on a trouvé de mieux jusqu'ici pour jouir honnêtement de la vie entre gens comme il faut... Tu es à la fleur de l'âge,... tu es fort agréable à voir,... fort agréable !... et tu ne perdras rien, par parenthèse, quand tu seras juponnée un peu plus haut par derrière, avec un pouf convenable ; car tu ne sais même plus ce qui se porte, ma pauvre chatte... Tiens, vois! ce sont des horreurs... Enfin, que veux-tu, il ne faut pas se faire remarquer... Bref, je voulais te dire que tu as encore tout ce qu'il faut et même plus qu'il ne faut pour fixer un mari, — si tant est qu'il y en ait de fixes, —

ce que j'aime à croire... Il faudrait, d'ailleurs, désespérer absolument de la Providence, si elle ne nous réservait pas quelques compensations après toutes nos épreuves... C'est déjà un signe manifeste de sa bonté que tu aies repris ton embonpoint, ma pauvre mignonne ! Embrasse ta mère... Voyons, quand marions-nous cette jolie femme ?

Il n'y avait nulle exagération maternelle dans les compliments que la baronne adressait à Clotilde. Tout Paris avait pour elle les yeux de sa mère. Elle n'avait jamais été si attrayante, et elle l'avait toujours été infiniment. Sa personne, reposée dans la paix de son deuil, avait alors l'éclat d'un beau fruit mûr et frais. Ses yeux noirs d'une tendresse timide, son front pur encadré dans des nattes magnifiques et vivaces, ses épaules de marbre rose, sa grâce spéciale de jeune matrone à la fois belle, aimante et chaste, tout cela, joint à une réputation intacte et à soixante mille francs de rente, ne pouvait manquer de susciter des prétendants. Il en surgissait effectivement une légion. La raison, l'opinion même, qui avait rendu justice à son mari et à elle, la poussaient à de secondes noces. Ses sentiments particuliers, quelle qu'en fût la délicatesse naturelle, ne semblaient pas devoir être un obstacle, car il n'y avait rien que de vrai dans son cœur. Elle avait été fidèle à son mari, elle avait donné des larmes amères à ce triste compagnon de sa jeunesse ; mais il avait fatigué et usé son affection, et, sans jamais s'associer aux récriminations posthumes de sa mère contre M. de Trécœur, elle sentait qu'elle n'avait plus d'autre devoir envers lui que la prière.

Il y avait cependant de longs mois qu'elle était veuve, et elle continuait d'opposer aux sollicitations de la baronne une résistance dont celle-ci cherchait vainement la raison mystérieuse. Elle crut un jour l'avoir découverte.

— Avoue la vérité, lui dit-elle : tu as peur de contrarier Julia. Ah! pour ceci, ma fille, ce serait de la folie pure... Tu ne peux avoir de ce côté aucun scrupule sérieux. Julia sera très-riche de son chef et n'aura aucun besoin de ta fortune. Elle se mariera elle-même dans trois ou quatre ans (je souhaite bien du plaisir à son mari, par parenthèse!); et vois un peu dans quelle jolie situation tu te trouveras... Mais, mon Dieu, nous n'en aurons donc jamais fini? Après le père, voilà la fille maintenant... Eh! mon Dieu, qu'elle fabrique des chapelles avec les portraits et les éperons de son père tant qu'elle voudra, ça la regarde; ce n'est pas moi qui lui ferai concurrence, bien certainement; au moins, qu'elle nous laisse vivre ! Comment! tu ne pourrais pas disposer de toi sans lui demander la permission? Alors, si tu es son esclave, ma chère petite, mets-moi à la porte ! tu ne saurais rien faire qui lui soit plus agréable, car elle ne peut pas me sentir, ta fille!... Et puis enfin, de bonne foi, qu'est-ce que ça peut lui faire que tu te remaries? Un beau-père n'est pas une belle-mère,... c'est tout à fait différent. Eh ! mon Dieu, son beau-père sera charmant pour elle,... tous les hommes seront charmants pour elle,... je lui prédis cela : elle peut être tranquille !... Enfin conviens-en, c'est là ce qui t'arrête ?

— Je vous assure que non, ma mère, dit Clotilde.

— Je vous assure que si, ma fille... Eh bien, voyons, veux-tu que je parle à Julia, moi, que j'essaye de lui faire entendre raison ?... J'aimerais mieux lui donner le fouet, mais enfin !...

— Ma pauvre chère maman, reprit Clotilde, faut-il tout vous dire ?

Elle vint se mettre à genoux devant la baronne.

— Certainement, ma fillette, dis-moi tout;... mais ne me fais pas pleurer, je t'en supplie!... Est-ce très-triste, ce que tu as à me dire?

— Pas très-gai.

— Mon Dieu!... Enfin, dis toujours.

— D'abord, ma mère, je vous avoue que je n'éprouverais personnellement aucun scrupule à me remarier...

— Je crois bien... Comment donc! Il ne manquerait plus que cela!

— Quant à Julia, que j'adore, qui m'aime bien et qui vous aime bien aussi, quoi que vous en disiez...

— Persuadée du contraire, dit la baronne. N'importe. Poursuis.

— Quant à Julia, j'ai plus de confiance que vous dans son bon sens et dans son bon cœur;... malgré la tendresse exaltée qu'elle conserve pour son père, je suis sûre qu'elle comprendrait, qu'elle respecterait ma détermination, et qu'elle ne m'en aimerait pas moins, surtout si son beau-père ne lui était pas personnellement antipathique; car vous connaissez la violence de ses sympathies et de ses antipathies...

— Si je la connais! dit amèrement la baronne. Eh bien, il faut lui donner une liste de ces messieurs, à cette chère petite, et elle fera elle-même ton choix.

— C'est inutile, ma bonne mère, dit Clotilde. Le choix est fait par la principale intéressée, et je suis certaine qu'il ne serait pas désagréable à Julia.

— Eh bien, alors, ma mignonne, cela va tout seul !

— Hélas! non. Je vais vous dire une chose qui me couvre de confusion... Parmi tous les hommes que nous connaissons, le seul que,... le seul qui me plaise enfin, est aussi le seul qui n'ait jamais été amoureux de moi.

— Alors, c'est un sauvage! ça ne peut être qu'un sauvage!... Enfin, qui est-ce?

— Je vous l'ai dit, ma pauvre mère, le seul de nos amis qui ne soit pas amoureux de moi...

— Bah! qui ça?... Ton cousin Pierre?

— Non,... mais vous brûlez.

— M. de Lucan! s'écria la baronne. Ça devait être! c'est la fleur des pois! Mon Dieu, ma chère petite, que nous avons donc les mêmes goûts toutes deux! Il est charmant, ton Lucan, il est charmant... Embrasse-moi... Ne cherche plus, ne cherche plus; voilà notre affaire positivement!

— Mais, ma mère, puisqu'il ne veut pas de moi !

— Bon ! il ne veut pas de toi à présent... Quelle histoire ! qu'en sais-tu ? Lui as-tu demandé ? D'ailleurs, c'est impossible, ma chère petite,... vous êtes faits l'un pour l'autre de toute éternité. Il est charmant, distingué, comme il faut, riche, spirituel, tout enfin, tout !

— Excepté amoureux, ma mère.

La baronne se récriant de nouveau contre une si forte invraisemblance, Clotilde lui mit sous les yeux une série de faits et de détails qui ne laissait point de place aux illusions. La mère consternée dut se résigner à cette conviction douloureuse, qu'il se trouvait, en effet, dans le monde un homme d'assez mauvais goût pour n'être pas amoureux de sa fille, et que cet homme était malheureusement M. de Lucan.

Elle regagna son hôtel en méditant sur ce mystère inouï, dont elle ne devait pas, du reste, attendre longtemps l'explication.

II

George-René de Lucan était intimement lié avec le comte Pierre de Moras, cousin de Clotilde. Tous deux étaient compagnons d'enfance, de jeunesse, de voyage et même de bataille; car, le hasard les ayant conduits aux États-Unis quand la guerre civile y éclata, ils avaient trouvé l'occasion bonne pour recevoir le baptême du feu. Leur amitié s'était encore plus solidement trempée dans ces dangers de guerre soutenus fraternellement loin de leur patrie. Cette amitié avait, d'ailleurs, depuis longtemps un caractère rare de confiance, de délicatesse et de force. Ils s'estimaient mutuellement très-haut, et ils avaient raison. Ils ne se ressemblaient d'ailleurs sous aucun rapport. Pierre de Moras était d'une grande taille, blond comme un Scandinave, beau et fort comme un lion, mais comme un lion bon enfant. Lucan était brun, mince, élégant, grave. Il y avait dans son regard fier et un peu sombre, dans son accent froid et doux, dans sa démarche même, une grâce mêlée d'autorité qui imposait et charmait.

Ils n'étaient pas moins dissemblables au point de vue moral : l'un bon vivant, sceptique absolu et paisible, possesseur insouciant d'une danseuse; l'autre toujours troublé malgré son calme extérieur, romanesque, passionné, tourmenté d'amour et de théologie. Pierre de Moras, à leur retour d'Amérique, avait présenté Lucan chez sa cousine Clotilde, et, dès ce moment, il y eut du moins deux points sur lesquels ils furent parfaitement d'accord : une profonde estime pour Clotilde et une profonde antipathie pour son mari. Ils appréciaient, d'ailleurs, chacun à sa manière le caractère et la conduite de M. de Trécœur. Pour le comte Pierre, Trécœur était simplement un être malfaisant; pour M. de Lucan, c'était un criminel.

— Pourquoi criminel? disait Pierre. Est-ce sa faute s'il est né avec toutes les flammes de l'enfer dans les moelles? Je conviens que je lui casserais volontiers la tête, quand je vois les yeux rouges de Clotilde; mais je n'y mettrais pas plus de colère que si j'écrasais un serpent. Puisque c'est sa nature, à cet homme!

— Vous me faites horreur, reprenait Lucan. Ce petit système-là supprime simplement le mérite, la volonté, la liberté, — le monde moral en un mot... Si nous ne sommes pas maîtres de nos passions, du moins dans une large mesure, et si ce sont nos passions qui nous maîtrisent fatalement, si un homme est nécessairement bon ou mauvais, honnête ou fripon, traître ou loyal, au gré de ses instincts, dites-moi donc un peu, je vous prie, pourquoi vous m'honorez de votre estime et de votre amitié? Je n'y ai pas plus de droits que le premier venu, que Trécœur lui-même.

— Pardon, mon ami, dit gravement Pierre : dans l'ordre végétal, je préfère une rose à un chardon ; dans l'ordre moral, je vous préfère à Trécœur. Vous êtes né galant homme ; je m'en réjouis, et j'en profite.

— Eh bien, mon cher, vous êtes dans une complète erreur, reprenait Lucan. J'étais né, au contraire, avec de détestables instincts, avec les germes de tous les vices.

— Comme Socrate.

— Comme Socrate, parfaitement. Et si mon père ne m'avait pas fouetté à propos, si ma mère n'avait pas été une sainte, si enfin je n'avais mis moi-même très-énergiquement ma volonté au service de ma conscience, je serais un scélérat sans foi ni loi.

— Mais rien ne dit que vous ne serez pas un jour un scélérat, mon ami. Il n'y a personne qui ne puisse devenir un scélérat à son heure. Tout dépend de la force de la tentation... Vous-même, quels que soient vos instincts d'honneur et de dignité, êtes-vous bien sûr de ne jamais rencontrer une tentation qui les domine?... Ne pouvez-vous concevoir, par exemple, telle circonstance où vous aimeriez assez une femme pour commettre un crime ?

— Non, dit Lucan ; et vous ?

— Moi,... moi, je n'ai aucun mérite,... je n'ai pas de passions... J'en suis désolé, mais je n'en ai pas. Je suis né exemplaire... Vous vous rappelez mon enfance : j'étais un petit modèle. Maintenant, je suis un grand modèle, voilà la seule différence,...

et ça ne me coûte pas du tout... Allons-nous chez Clotilde ?

— Allons !

Et ils allaient chez Clotilde, bien digne elle-même de l'amitié de ces deux braves gens. Ils y étaient reçus avec une considération marquée, même par mademoiselle Julia, qui paraissait subir à un certain degré le prestige de ces natures élevées. Tous deux avaient, d'ailleurs, dans leur tenue et dans leur langage une correction élégante qui satisfaisait apparemment le goût fin de l'enfant et ses instincts d'artiste. Dans les premiers temps de son deuil, l'humeur de Julia avait pris une teinte un peu farouche ; quand sa mère recevait des visites, elle quittait brusquement le salon et allait s'enfermer chez elle, non sans manifester contre les indiscrets un mécontentement hautain. Le cousin Pierre et son ami avaient seuls le privilége d'un bon accueil ; elle daignait même sortir de son appartement pour venir les rejoindre auprès de sa mère, quand elle les savait là.

Clotilde avait donc de bonnes raisons de supposer que sa préférence pour M. de Lucan obtiendrait l'agrément de sa fille ; elle en avait malheureusement de meilleures encore pour douter que les dispositions de M. de Lucan répondissent aux siennes. Non-seulement, en effet, il s'était toujours tenu vis-à-vis d'elle dans les termes de l'amitié la plus réservée, mais, depuis qu'elle était veuve, cette réserve s'était sensiblement aggravée. Les visites de Lucan s'espaçaient de plus en plus ; il paraissait même éviter avec un soin particulier les occasions de se trouver seul avec Clotilde, comme s'il eût pénétré les sentiments secrets de la jeune femme, et qu'il eût affecté de les décourager. Tels étaient les symptômes tristement significatifs dont Clotilde avait fait confidence à sa mère.

Le jour même où la baronne recevait, rue Tronchet, ces pénibles renseignements, un entretien avait lieu sur le même sujet, rue d'Aumale, entre le comte de Moras et George de Lucan. Ils avaient fait ensemble le matin une promenade au Bois, et Lucan s'était montré plus silencieux que de coutume. Au moment où ils se séparaient :

— A propos, Pierre, dit-il, je m'ennuie... Je vais voyager.

— Voyager ! où ça ?

— Je vais en Suède. J'ai toujours eu envie de voir la Suède.

— Quelle drôle de chose !... Vous serez longtemps ?

— Deux ou trois mois.

— Quand partez-vous?

— Demain.

— Seul?

— Entièrement. Je vous reverrai ce soir au cercle, n'est-ce pas?

L'étrange réserve de ce dialogue laissa dans l'esprit de M. de Moras une impression d'étonnement et d'inquiétude. Il n'y put tenir, et, deux heures après, il arrivait chez Lucan. Il vit en entrant des apprêts de départ. Lucan écrivait dans son cabinet.

— Ah çà! mon cher, lui dit le comte, si je suis indiscret, vous allez me le dire franchement ; mais ce voyage bâclé ne ressemble à rien... Sérieusement, qu'y a-t-il? Est-ce que vous allez vous battre hors frontières ?

— Bah !... Je vous emmènerais, vous savez bien !

— Une femme, alors?

— Oui, dit sèchement Lucan.

— Pardon de mon importunité, et adieu.

— Je vous ai blessé, mon ami? dit Lucan en le retenant.

— Oui, dit le comte. Je ne prétends certes pas entrer dans vos secrets ;... mais je ne comprends absolument pas le ton de contrainte, presque d'hostilité, sur lequel vous me répondez au sujet de ce voyage... Ce n'est pas, d'ailleurs, le premier symptôme de cette nature qui me frappe et m'afflige; depuis quelque temps, vous êtes visiblement embarrassé avec moi; il semble que je vous gêne, que notre amitié vous pèse,... et j'ai l'idée cruelle que ce voyage est une façon d'y mettre un terme.

— Grand Dieu! murmura Lucan. — Eh bien, poursuivit-il avec un peu d'agitation dans la voix, il faut donc vous dire la vérité. J'espérais que vous l'auriez devinée,... c'était si simple!... Votre cousine Clotilde est veuve depuis deux ans bientôt,... c'est, je crois, le terme consacré par l'usage... Je connais vos sentiments pour elle, vous pouvez maintenant l'épouser, et vous aurez grandement raison... Rien ne me paraît plus juste, plus naturel, plus digne d'elle et de vous... Je vous atteste que mon amitié vous restera fidèle et entière; mais je vous prie de trouver bon que je m'absente pendant quelque temps. Voilà tout.

M. de Moras semblait avoir une peine infinie à saisir le sens de ce discours : il demeura plusieurs secondes, après que Lucan eut cessé de parler, la mine étonnée et le regard tendu, comme s'il eût cherché le mot d'une énigme; puis, se levant brusquement et saisissant les deux mains de Lucan :

— Ah ! c'est gentil, cela ! dit-il avec une gravité émue.

Et, après une nouvelle étreinte cordiale, il ajouta gaiement :

— Mais, si vous comptez rester en Suède jusqu'à ce que j'aie épousé Clotilde, vous pouvez y bâtir et même y planter, car je vous jure que vous y resterez longtemps !

— Est-il possible que vous ne l'aimiez pas ? dit Lucan à demi-voix.

— Je l'aime extrêmement, au contraire ; je l'apprécie, je l'admire ;... mais c'est une sœur pour moi, purement une sœur... Ce qu'il y a de délicieux, mon cher, c'est que mon rêve a toujours été de vous marier, Clotilde et vous ; seulement, vous me paraissiez si froid, si peu empressé, si réfractaire, et dans ces derniers temps surtout... Mon Dieu, comme vous êtes pâle, George !

Le résultat final de cet entretien fut que M. de Lucan, au lieu de partir pour la Suède, se rendit peu d'instants plus tard chez la baronne de Pers, à laquelle il exposa ses vœux, et qui se crut, en l'écoutant, le jouet d'un songe enchanteur. Elle avait toutefois, sous ses airs évaporés, un trop vif sentiment de sa dignité et de celle de sa fille pour laisser éclater devant M. de Lucan la joie dont elle était oppressée. Quelque désir qu'elle éprouvât de serrer immédiatement sur son cœur ce gendre idéal, elle ajourna cette satisfaction et se contenta de lui exprimer ses sympathies personnelles. S'associant, d'ailleurs, à la juste impatience de M. de Lucan, elle lui conseilla de se présenter le soir même chez madame de Trécœur, dont elle ignorait les sentiments particuliers, mais qui accueillerait tout au moins sa démarche avec l'estime et la considération dues à un homme de son mérite. Demeurée seule, la baronne s'épancha dans un monologue mêlé de larmes : elle se fit, d'ailleurs, une exquise petite fête maternelle de ne pas prévenir Clotilde et de lui laisser tout entière la saveur de cette surprise.

Le cœur des femmes est un organe infiniment plus délicat que le nôtre. L'exercice incessant qu'elles lui donnent y développe des facultés d'une finesse et d'une subtilité auxquelles la sèche intelligence n'atteint jamais ; c'est ce qui explique leurs pressentiments, moins rares et plus sûrs que les nôtres. Il semble que leur sensibilité, toujours tendue et vibrante, soit avertie par des courants mystérieux, et qu'elle devine avant de comprendre. Clotilde, lorsqu'on lui annonça M. de Lucan, fut comme traversée par une de ces électricités secrètes, et, malgré toutes les objections contraires dont son esprit était obsédé, elle sentit qu'elle était aimée et qu'on allait le lui dire. Elle s'assit dans son grand fauteuil, en ramenant des deux mains la soie de sa robe, avec un geste d'oiseau qui bat des ailes.

Le trouble visible de Lucan acheva de l'instruire et de la ravir. Chez de tels hommes, armés de passions puissantes, mais sévèrement contenues, habitués à se maîtriser, intrépides et calmes, le trouble est effrayant ou charmant.

Après l'avoir informée, ce qui était inutile, que sa démarche auprès d'elle était une démarche extraordinaire :

— Madame, ajouta-t-il, la demande que je vais vous adresser exige, je le sais, une réponse réfléchie... Aussi vous supplierai-je de ne pas me faire cette réponse aujourd'hui, d'au'ant plus qu'il me serait véritablement trop pénible de l'entendre de votre bouche, si elle n'était pas favorable.

— Mon Dieu, monsieur,... dit Clotilde à demi-voix.

— Madame votre mère, madame, que j'ai eu l'honneur de voir dans la journée, a bien voulu m'encourager — dans une certaine mesure — à espérer que vous m'accordiez quelque estime,... que vous n'aviez du moins contre moi aucune prévention... Quant à moi, madame, je... Mon Dieu, je vous aime, en un mot, et je n'imagine pas de plus grand bonheur au monde que celui que je tiendrais de vous. Vous me connaissez depuis longtemps. Je n'ai rien à vous dire de moi... Et maintenant, j'attendrai.

Elle le retint d'un signe, et elle essaya de parler ; mais ses yeux se voilèrent de larmes. Elle cacha sa tête dans ses mains, et murmura :

— Pardon ! j'ai été si peu heureuse !... Je ne sais pas ce que c'est !

Lucan se mit doucement à genoux devant elle, et, quand leurs regards se rencontrèrent, leurs deux cœurs s'emplirent soudain comme deux coupes.

— Parlez, mon ami, reprit-elle. Dites-moi encore que vous m'aimez... J'étais si loin de le croire ! Et pourquoi ?... et depuis quand ?

Il lui expliqua sa méprise, sa lutte douloureuse entre son amour pour elle et son amitié pour Pierre.

— Pauvre Pierre ! dit Clotilde, quel

brave homme!... Mais vraiment non!

Puis il la fit sourire en lui contant la terreur et la défiance mortelles qui l'avaient envahi au moment où il lui demandait l'arrêt de sa destinée; elle lui avait semblé plus que jamais, en cet instant-là, une créature charmante et sainte, et tellement au-dessus de lui, que sa prétention d'être aimé d'elle, d'être son mari, lui était apparue tout à coup comme une sorte de folie sacrilége.

— Oh! mon Dieu, dit-elle, quelle idée vous faites-vous donc de moi?... C'est effrayant!... au contraire, je me croyais trop simple, trop terre-à-terre pour vous; je me disais que vous deviez aimer les passions romanesques, les grandes aventures,... vous en avez un peu la mine, et même la réputation,... et je suis si peu une femme comme cela !

Sur cette légère invite, il lui dit deux mots de sa vie passée, banalement orageuse, et qui ne lui avait laissé que désenchantements et dégoûts. Cependant jamais, avant de l'avoir rencontrée, la pensée de se marier ne lui était venue ; en fait d'amour comme en fait d'amitié, il avait toujours eu l'imagination éprise d'un certain idéal, un peu romanesque en effet, et il avait craint de ne pas le trouver dans le mariage. Il avait pu le chercher ailleurs, dans les grandes aventures, comme elle disait ; mais il aimait l'ordre et la dignité de la vie, et il avait le malheur de ne pouvoir vivre en guerre avec sa conscience. Telle avait été sa jeunesse troublée.

— Vous me demandez, poursuivit-il avec effusion, pourquoi je vous aime... Je vous aime parce que vous seule avez mis d'accord dans mon cœur deux sentiments qui se l'étaient toujours disputé avec de cruels déchirements, la passion et l'honnêteté... Jamais, avant de vous connaître, je n'avais cédé à l'un de ces sentiments sans être horriblement misérable par l'autre... Ils m'avaient toujours paru inconciliables... Jamais je n'avais cédé à la passion sans remords ; jamais je ne lui resistais sans regret... Fort ou faible, j'ai toujours été malheureux et torturé... Vous seule m'avez fait comprendre qu'on pouvait aimer à la fois avec toute l'ardeur et toute la dignité de son âme, et je vous ai choisie, parce que vous êtes aimante et que vous êtes vraie, parce que vous êtes belle et que vous êtes pure, parce que vous êtes le devoir et le charme,... l'amour et le respect,... l'ivresse et la paix... Voilà pourquoi je vous aime... Voilà quelle femme, quel ange vous êtes pour moi, Clotilde !

Elle l'écoutait, à demi penchée, aspirant ses paroles, et montrant dans ses yeux une sorte d'étonnement céleste.

Mais il semble — qui ne l'a éprouvé ? — que le bonheur humain ne puisse toucher certains sommets sans appeler la foudre. — Clotilde, au milieu de son extase, frémit tout à coup et se dressa. Elle venait d'entendre un cri étouffé, qui fut suivi du bruit sourd d'une chute. Elle courut, ouvrit la porte, et vit à deux pas dans le salon voisin Julia étendue sur le parquet.

Elle comprit que l'enfant, au moment d'entrer, avait saisi quelques-unes de leurs paroles, et que la pensée de voir la place de son père occupée par un autre, la frappant ainsi sans préparation, avait bouleversé jusqu'au fond cette jeune âme passionnée. Clotilde la suivit dans sa chambre, où on la porta, et voulut rester seule avec elle. Tout en lui prodiguant les soins, les caresses, les baisers, elle n'attendait pas sans une affreuse angoisse le premier regard de sa fille. Ce regard se fixa sur elle d'abord avec égarement, puis avec une sorte de stupeur farouche; l'enfant la repoussa doucement; elle se recueillait, et, à mesure que la pensée s'affermissait dans ses yeux, sa mère y pouvait lire une lutte violente de sentiments contraires.

— Je t'en prie, je t'en supplie, ma petite fille! murmurait Clotilde, dont les larmes tombaient goutte à goutte sur le beau visage pâle de l'enfant.

Tout à coup Julia la saisit par le cou, l'attira sur elle, et, l'embrassant follement :

— Tu me fais bien mal, dit-elle, oh! bien mal! plus que tu ne peux croire;... mais je t'aime bien,... je t'aime bien! je veux t'aimer,... je veux! je veux toujours,... je t'assure!

Elle éclata en sanglots, et toutes deux pleurèrent longtemps, étroitement attachées l'une à l'autre.

M. de Lucan avait cru devoir cependant envoyer chercher la baronne de Pers, à laquelle il tenait compagnie dans le salon.

La baronne, en apprenant ce qui se passait, avait montré plus d'agitation que de surprise :

— Mon Dieu, je m'y attendais, mon cher monsieur ! Je ne vous l'avais pas dit, parce que nous n'en étions pas là ;... mais je m'y attendais parfaitement ! Cette enfant-là tuera ma fille... Elle achèvera ce que son père a si bien commencé,... car c'est un pur miracle si ma fille, après tout ce qu'elle a souffert, a repris comme vous la voyez ! — Je les laisse ensemble... Je n'y vais pas... Oh ! mon Dieu, je n'y vais pas... D'abord, j'aurais peur de contrarier ma fille,... et puis je sortirais de mon caractère très-certainement.

— Quel âge a donc mademoiselle Julia ? demanda Lucan, qui conservait dans ces pénibles circonstances sa courtoisie tranquille.

— Mais elle va avoir quinze ans,... et ce n'est pas malheureux, par parenthèse, car enfin, entre nous, on peut espérer qu'on en sera soulagé honnêtement dans un an ou deux... Oh! elle se mariera facilement, très-facilement, soyez sûr... D'abord, elle est riche, et puis enfin, quoi! c'est un joli monstre,... on ne peut pas dire le contraire, et il ne manque pas d'hommes qui aiment ce genre-là !

Clotilde les rejoignit enfin. Quelle que fût son émotion intérieure, elle paraissait calme, n'ayant rien de théâtral dans sa manière. Elle répondit simplement, d'une voix basse et douce, aux questions fiévreuses de sa mère : elle demeurait persuadée que ce malheur ne serait pas arrivé, si elle eût pu apprendre elle-même à Julia avec quelques précautions l'événement que le hasard lui avait brusquement révélé. Adressant alors à M. de Lucan un triste sourire :

— Ces misères de famille, monsieur, lui dit-elle, ne pouvaient entrer dans vos prévisions, et je trouverai tout naturel que vos projets en soient modifiés.

Une anxiété expressive se peignit sur les traits de Lucan.

— Si vous me demandez de vous rendre votre liberté, dit-il, je ne puis que vous obéir; si c'est votre délicatesse seule qui a parlé, je vous atteste que vous m'êtes encore plus chère depuis que je vous vois souffrir à cause de moi, et souffrir si dignement.

Elle lui tendit sa main, qu'il saisit en s'inclinant.

— J'aimerai tant votre fille, dit-il, qu'elle me pardonnera.

— Oui, je l'espère, dit Clotilde ; cependant, elle veut entrer dans un couvent pour y passer quelques mois, et j'y ai consenti...

Sa voix trembla, et ses yeux se mouillèrent.

— Pardon, monsieur, reprit-elle, je n'ai pas encore le droit de vous donner tant de part à mes chagrins... Puis-je vous prier de me laisser avec ma mère ?

Lucan murmura quelques paroles de respect, et se retira. Il était bien vrai, comme il l'avait dit, que Clotilde lui était plus chère que jamais. Rien ne lui avait inspiré une si haute idée de la valeur morale de cette jeune femme que son attitude pendant cette triste soirée. Frappée en plein vol de bonheur, elle était tombée sans un cri, sans une plainte, en voilant sa blessure : elle avait montré devant lui cette exquise pudeur de la souffrance, si rare chez son sexe. Il lui en savait d'autant plus de gré qu'il était profondément ennemi de ces démonstrations pathétiques et turbulentes dont la plupart des femmes ne manquent pas de saisir avidement l'occasion, quand elles ont la bonté de ne pas la faire naître.

III

M. de Lucan était depuis plusieurs mois le mari de Clotilde quand le bruit se répandit dans le monde que mademoiselle de Trécœur, cet ancien diable incarné, allait prendre le voile dans le couvent du faubourg Saint-Germain où elle s'était retirée quelque temps avant le mariage de sa mère. Ce bruit était fondé. Julia avait d'abord subi avec peine la discipline et les observances auxquelles les simples pensionnaires de la communauté devaient elles-mêmes se soumettre ; puis elle avait été prise peu à peu d'une ferveur pieuse dont on était forcé de tempérer les excès. Elle avait supplié sa mère de ne pas mettre obstacle à la vocation irrésistible qu'elle se sentait pour la vie religieuse, et Clotilde avait difficilement obtenu qu'elle ajournât sa résolution jusqu'à l'accomplissement de sa seizième année.

Les relations de madame de Lucan avec sa fille depuis son mariage étaient d'une nature singulière. Elle venait à peu près chaque jour la visiter, et en recevait toujours de vifs témoignages d'affection ; mais sur deux points, et les plus sensibles, la jeune fille était demeurée impitoyable : elle n'avait jamais consenti ni à rentrer sous le toit maternel, ni à voir le mari de sa mère.

Elle avait même été longtemps sans faire la moindre allusion à la situation nouvelle de Clotilde, qu'elle affectait d'ignorer. Un jour enfin, sentant la gêne intolérable d'une telle réserve, elle prit son parti, et, fixant sur sa mère son regard étincelant :

— Eh bien, es-tu heureuse au moins? dit-elle.

— Comment veux-tu, dit Clotilde, puisque tu hais celui que j'aime?

— Je ne hais personne, reprit sèchement Julia. Comment va-t-il, ton mari?

Dès ce moment, elle s'informa régulièrement de M. de Lucan sur un ton de politesse indifférente ; mais elle ne prononçait jamais sans hésitation et sans un malaise évident le nom de l'homme qui tenait la place de son père.

Cependant, elle venait d'avoir seize ans. La promesse de sa mère avait été formelle. Julia était libre désormais de suivre sa vocation, et elle s'y préparait avec une ardeur impatiente qui édifiait la communauté. Madame de Lucan exprimant un matin devant sa mère et son mari les angoisses qui lui serraient le cœur pendant ces derniers jours de sursis :

— Pour moi, ma fille, dit la baronne, je t'avouerai que je presse de tous mes vœux le moment que tu redoutes... L'existence que tu mènes depuis ton mariage ne ressemble à rien d'humain; mais ce qui en fait le principal supplice, c'est la lutte que tu soutiens contre l'obstination de cette enfant... Eh bien, quand elle sera religieuse, il n'y aura plus de lutte, ce sera plus net au cœur, et remarque bien que vous ne serez pas en réalité plus séparées que vous ne l'êtes, puisque la maison n'est pas cloîtrée; — j'aimerais autant quelle le fût, quant à moi; mais enfin elle ne l'est pas... — Et puis pourquoi s'opposer à une vocation que je regarde véritablement comme providentielle? Dans l'intérêt même de cette enfant, tu devrais te féliciter de la résolution qu'elle a prise... J'en appelle à ton mari... — Voyons, je vous demande un peu, mon cher monsieur, ce qu'on pourrait attendre d'une organisation pareille, si elle était une fois déchaînée dans le monde? Elle y ferait des ravages!... Vous savez quelle tête elle a,... un volcan! Et notez bien, mon ami, que c'est une vraie odalisque, à l'heure qu'il est... Il y a longtemps que vous ne l'avez vue; vous n'imaginez pas comme elle s'est développée... Moi qui m'en régale deux fois la semaine, je vous affirme que c'est une vraie odalisque, et avec cela mise comme une déesse... Elle est si bien faite, d'ailleurs... Il lui faut un rien... Vous lui jetteriez un rideau sur le corps avec une fourche, elle aurait l'air de sortir de chez Worth !.. Tenez, demandez à Pierre ce qu'il en pense, lui qui a l'honneur de ses bonnes grâces !

M. de Moras, qui entrait au même instant, partageait, en effet, avec un très-petit nombre d'amis de la famille le privilége d'accompagner quelquefois Clotilde au couvent de Julia.

— Eh bien, mon bon Pierre, reprit la baronne, nous parlions de Julia, et je disais à ma fille et à mon gendre qu'il était vraiment très-heureux qu'elle voulût bien être une sainte, attendu qu'autrement elle mettrait Paris en combustion.

— Parce que? demanda le comte.

— Parce qu'elle est belle comme le péché!

— Mais sans doute, elle est très-bien, dit le comte assez froidement.

La baronne étant allée faire quelques courses avec Clotilde, M. de Moras resta seul avec Lucan.

— Il me semble vraiment, lui dit-il, qu'on est bien dur pour cette pauvre Julia.

— Comment?

— Sa grand'mère en parle comme d'une créature perverse!... Et qu'est-ce qu'on lui reproche, après tout? Son culte pour la mémoire de son père! Il est excessif, soit; mais la piété filiale, même exagérée, n'est pas un vice, que je sache. Ses sentiments sont exaltés; qu'importe, s'ils sont généreux? Est-ce une raison pour la vouer aux dieux infernaux et la plonger dans les oubliettes?

— Mais vous êtes étrange, mon ami, je vous assure, dit Lucan. Qu'est-ce qui vous prend? à qui en avez-vous? Vous n'ignorez pas que Julia entre en religion de son plein gré, que sa mère en est désolée, et qu'elle n'a rien épargné pour l'en détourner. Quant à moi, je n'ai aucune raison de l'aimer : elle m'a causé et me cause encore de grands chagrins; mais vous savez assez que j'étais prêt à la recevoir comme ma fille, si elle eût daigné nous revenir...

— Oh! je n'accuse ni sa mère ni vous, bien entendu; c'est la baronne qui m'irrite; elle est absurde, elle est dénaturée! Julia est sa petite-fille, après tout, et elle jubile, elle jubile positivement à la pensée de la voir religieuse!

— Ma foi, je vous déclare que je suis tout près de jubiler aussi. La situation est trop pénible pour Clotilde; il faut en finir, et, comme je ne vois pas d'autre dénoûment possible...

— Mais je vous demande pardon, il y en aurait un autre.

— Et lequel?

— Vous pourriez la marier.

— Bon! comme c'est vraisemblable!... A qui?

Le comte se rapprocha de Lucan, le regarda en face, et, souriant avec embarras :

— A moi, dit-il.

— Répétez! dit Lucán.

— Mon cher, reprit le comte, vous voyez que j'ai un pied de rouge sur les joues, ménagez-moi. Il y a longtemps que je voulais aborder avec vous cette question délicate, mais le courage me manquait; puisque je l'ai enfin trouvé, ne me l'ôtez pas.

— Mon cher ami, dit Lucan, laissez-moi d'abord me remettre, car je tombe des nues. Comment! vous êtes amoureux de Julia?

— Extraordinairement, mon ami.

— Non! il y a quelque chose là-dessous; vous avez découvert ce moyen de la rapprocher de nous, vous voulez vous sacrifier pour le repos de la famille.

— Je vous jure que je ne songe pas du tout au repos de la famille, je songe au mien, qui est fort troublé, car j'aime cette enfant avec une violence de sentiments que je ne connaissais pas. Si je ne l'épouse pas, je ne m'en consolerai de ma vie.

— A ce point-là? dit Lucan ébahi.

— Mon cher, c'est une chose terrible, reprit M. de Moras. Je suis absolument épris; quand elle me regarde, quand je touche sa main, quand sa robe me froisse, je sens courir des philtres dans mes veines. J'avais entendu parler de ces sortes d'agitations, mais jamais je ne les avais éprouvées. Je vous avoue qu'elles me ravissent; en même temps, elles me désespèrent, car je ne puis me dissimuler qu'il y a mille chances pour que cette passion soit malheureuse, et il me semble vraiment que j'en porterai le deuil tant que mon cœur battra.

— Quelle aventure! dit Lucan, qui avait repris toute sa gravité. C'est très-sérieux, cela, très-ennuyeux...

Il fit quelques pas à travers le salon, absorbé dans des réflexions qui paraissaient d'une nature assez sombre.

— Julia connaît-elle vos sentiments? dit-il tout à coup.

— Très-certainement non. Je ne me serais pas permis de les lui apprendre sans vous prévenir. Voulez-vous me faire l'amitié d'être mon interprète auprès de sa mère?

— Mais,... oui,... très-volontiers, dit

Lucan avec une nuance d'hésitation qui n'échappa point à son ami.

— Vous pensez que c'est inutile, n'est-ce pas? dit le comte avec un sourire contraint.

— Inutile... Pourquoi?

— D'abord, il est bien tard.

— Il est un peu tard, sans doute. Julia est bien engagée; mais je me suis toujours un peu défié de sa vocation... D'ailleurs, dans ces imaginations tourmentées, les résolutions les plus sincères de la veille deviennent aisément les dégoûts du lendemain.

— Mais vous doutez que... que je lui plaise?

— Pourquoi ne lui plairiez-vous pas? Vous êtes plus que bien de votre personne... Vous avez trente-deux ans... Elle en a

4.

seize... Vous êtes un peu plus riche qu'elle... Tout cela va très-bien.

— Enfin, pourquoi hésitez-vous à me servir?

— Je n'hésite point à vous servir; seulement, je vous vois très-amoureux, vous n'en avez pas l'habitude, et je crains qu'un état si nouveau pour vous ne vous pousse un peu vite à une détermination aussi grave que le mariage. Une femme n'est pas une maîtresse... Bref, avant de faire une démarche irrévocable, je voudrais vous prier de bien réfléchir encore.

— Mon ami, dit le comte, je ne le veux pas, et je crois très-sincèrement que je ne le peux pas. Vous connaissez mes idées. Les vraies passions ont le dernier mot, et je ne suis pas sûr que l'honneur même soit contre elles un argument très-solide. Quant à leur opposer la raison, c'est une plaisanterie... D'ailleurs, voyons, Lucan, qu'y a-t-il de si déraisonnable dans le fait d'épouser une personne que j'aime? Je ne vois pas qu'il soit absolument nécessaire de ne pas aimer sa femme... Eh bien, puis-je compter sur vous?

— Complétement, dit Lucan en lui prenant la main. J'ai fait mes objections ; maintenant, je suis tout à vous. Je vais parler à Clotilde dans un moment. Elle doit aller voir sa fille cette après-midi... Venez dîner ce soir avec nous ; mais rassemblez toute votre fermeté, car enfin le succès est fort incertain.

Il ne fut pas difficile à M. de Lucan de gagner la cause de M. de Moras auprès de Clotilde. Après l'avoir écouté, non sans l'interrompre plus d'une fois par des exclamations de surprise :

— Mon Dieu, reprit-elle, ce serait l'idéal ! Non-seulement ce mariage romprait des projets qui me navrent, mais il réunit toutes les conditions de bonheur que je puis rêver pour ma fille, et, de plus, l'amitié qui vous lie avec Pierre amènerait tout naturellement quelque jour un rapprochement entre sa femme et vous. Tout cela serait trop heureux ; mais comment espérer une révolution si complète et si soudaine dans les idées de Julia ? Elle ne me laissera même pas terminer mon message !

Elle partit, palpitante d'anxiété. Elle trouva Julia seule dans sa chambre, essayant devant une glace sa toilette de novice : la guimpe et le voile qui devaient cacher son opulente chevelure étaient posés sur le lit; elle était simplement vêtue de la longue tunique de laine blanche dont elle s'occupait d'ajuster les plis. Elle rougit en voyant entrer sa mère; puis, se mettant à rire :

— Cymodocée dans le cirque, n'est-ce pas, mère?

Clotilde ne répondit pas; elle avait joint les mains dans une attitude suppliante et pleurait en la regardant. Julia fut émue de cette douleur muette, deux larmes glissèrent de ses yeux, et elle sauta au cou de sa mère; puis, la faisant asseoir :

— Que veux-tu! dit-elle, moi aussi, j'ai un peu de chagrin au fond, car enfin j'aimais la vie;... mais, à part ma vocation, qui est très-réelle, j'obéis à une véritable nécessité... Il n'y a plus d'autre existence possible pour moi que celle-là... Je sais bien,... c'est ma faute; j'ai été un peu folle... J'aurais dû ne pas te quitter d'abord, ou du moins retourner chez toi tout de suite après ton mariage... Maintenant, après des mois, des années même, est-ce possible, je te le demande!... D'abord, je mourrais de confusion... Me vois-tu devant ton mari?... Quelle mine ferais-je? Puis il doit me détester,... le pli est pris;... moi-même, qui sait si, en le revoyant, dans cette maison... Enfin, de toute façon, je serais une gêne terrible entre vous!

— Mais, ma chère fillette, dit Clotilde, personne ne te déteste; tu serais reçue comme l'enfant prodigue, avec des transports... Si cela te coûte trop de rentrer chez moi, si tu crains d'y trouver ou d'y apporter des ennuis... Dieu sait combien tu t'abuses !.. mais, si tu le crains pourtant, est-ce une raison pour t'ensevelir toute vivante et me briser le cœur? Ne pourrais-tu rentrer dans le monde sans rentrer chez moi et sans affronter tous ces embarras qui t'effrayent?... Il y aurait pour cela un moyen bien simple, tu sais !

— Quoi? dit tranquillement Julia, me marier?

— Sans doute, dit Clotilde en secouant doucement la tête et en baissant la voix.

— Mais, mon Dieu, ma mère, quelle apparence ! Quand je le voudrais, — et j'en suis loin, — je ne connais personne, personne ne me connaît...

— Il y a quelqu'un, reprit Clotilde avec une timidité croissante, quelqu'un que tu connais parfaitement, et qui... qui t'adore.

Julia ouvrit de grands yeux étonnés et pensifs, et, après une courte pause de réflexion :

— Pierre? dit-elle.

— Oui, murmura Clotilde, pâle d'angoisse.

Les sourcils de Julia se contractèrent doucement : elle dressa sa tête charmante et resta quelques secondes les yeux fixés sur le plafond; puis, avec un léger mouvement d'épaules :

— Pourquoi pas? dit-elle d'un ton sérieux. Autant lui qu'un autre !

Cloti de laissa échapper un faible cri, et, saisissant les deux mains de sa fille :

— Tu veux? dit-elle; tu veux bien?... C'est vrai?... Tu me permets de lui porter cette réponse?

— Oui,... mais changes-en le texte! dit Julia en riant.

— Oh! ma chère, chère mignonne! s'écria Clotilde, qui couvrait de baisers les mains de Julia; mais répète-moi encore que c'est bien vrai,... que, demain, tu n'auras pas changé d'avis?

— Non, dit fermement Julia de sa voix grave et musicale.

Elle médita un peu et reprit :

— Vraiment, il m'aime, ce grand garçon ?

— Comme un fou.

— Pauvre homme!... Et il attend la réponse?

— En tremblant.

— Eh bien, va le calmer... Nous reprendrons l'entretien demain. J'ai besoin de mettre un peu d'ordre dans ma tête, tu comprends, après tout ce bouleversement; mais sois tranquille,... je suis décidée.

Quand madame de Lucan rentra chez elle, Pierre de Moras l'attendait dans le salon. Il devint fort pâle en l'apercevant.

— Pierre! dit-elle toute haletante, embrassez-moi, vous êtes mon fils!... Avec respect, s'il vous plaît, avec respect! ajouta-t-elle en riant pendant qu'il l'enlevait et la serrait sur sa poitrine.

Il fit un peu plus tard la même fête à la baronne de Pers, qui avait été mandée à la hâte.

— Mon ami, lui dit la baronne, je suis

ravie, ravie,... mais vous m'étouffez. Oui, oui,... c'est très-bien, mon garçon,... mais vous m'étouffez littéralement ! Réservez-vous, mon ami, réservez-vous !... Cette chère petite ! c'est gentil à elle, c'est très-gentil... Au fond, c'est un cœur d'or !... Et puis elle a bon goût aussi,... car vous êtes très-beau, vous mon cher, très-beau, très-beau ! Au reste, je m'étais toujours doutée qu'au moment de couper ses cheveux, elle réfléchirait... Il est vrai qu'elle les a admirables, pauvre enfant !

Et la baronne fondit en larmes; puis, s'adressant au comte à travers ses sanglots :

— Vous ne serez pas malheureux non plus, vous, par parenthèse : c'est une déesse !

M. de Lucan, quoique vivement touché de ce tableau de famille et surtout de la joie de Clotilde, prenait avec plus de sang-froid cet événement inespéré. Outre qu'il se montrait en général peu prodigue d'expansions publiques, il était au fond de l'âme inquiet et triste. L'avenir de ce mariage lui semblait des plus incertains, et sa profonde amitié pour le comte s'en alarmait. Il n'avait osé lui dire, par un sentiment de délicate réserve à l'égard de Julia, tout ce qu'il pensait de ce caractère. Il essayait de repousser comme injuste et partiale l'opinion qu'il s'en était faite ; mais enfin il se rappelait l'enfant terrible qu'il avait autrefois connue, tantôt emportée comme un ouragan, tantôt pensive et enfermée dans une réserve sombre ; il se l'imaginait telle qu'on la lui avait représentée depuis, grandie, belle, ascétique ; puis il la voyait tout à coup jetant ses voiles au vent, comme une des nonnes fantastiques de *Robert*, et rentrant dans le monde d'un pied léger : de toutes ces impressions diverses, il composait malgré lui une figure de chimère et de sphinx qu'il lui était très difficile d'allier à l'idée du bonheur domestique.

On parla en famille, pendant toute la soirée, des complications que pouvait soulever ce projet de mariage, et des moyens de les éviter. M. de Lucan entra dans ces détails avec beaucoup de bonne grâce, et déclara qu'il se prêterait de grand cœur, pour sa part, à tous les arrangements que sa belle-fille pourrait souhaiter. Cette précaution ne devait pas être inutile.

Clotilde était au couvent le lendemain dès le matin. Julia, après avoir écouté avec une nonchalance un peu ironique le récit que lui fit sa mère des transports et de l'allégresse de son fiancé, prit un air plus sérieux.

— Et ton mari, dit-elle, qu'est-ce qu'il pense ?

— Il est charmé, comme nous tous.

— Je vais te faire une question singulière : est-ce qu'il compte assister à notre mariage ?

— Comme tu voudras.

— Écoute, ma bonne petite mère, ne te désole pas d'avance... Je sens bien qu'un jour ou l'autre ce mariage doit nous réunir tous,... mais qu'on me laisse le temps de m'habituer à cette idée... Accordez-moi quelques mois pour faire oublier l'ancienne Julia et pour l'oublier moi-même,... n'est-ce pas, dis, tu veux bien ?

— Tout ce qui te plaira, dit Clotilde en soupirant.

— Je t'en prie... Dis-lui que je l'en prie aussi.

— Je le lui dirai; mais tu sais que Pierre est là?

— Ah! mon Dieu!... où donc?

— Je l'ai laissé dans le jardin...

— Dans le jardin!... quelle imprudence, ma mère! mais ces dames vont le déchirer... comme Orphée, car tu peux croire qu'il n'est pas en odeur de sainteté ici...

On envoya prévenir M. de Moras, qui arriva en toute hâte. Julia se mit à rire quand il parut, ce qui facilita son entrée.

Elle eut à plusieurs reprises, pendant leur entrevue, des accès de ce rire nerveux qui est si utile aux femmes dans les circonstances difficiles. Privé de cette ressource, M. de Moras se contenta de baiser timidement les belles mains de sa cousine, et manqua d'ailleurs d'éloquence; mais ses beaux traits mâles resplendissaient, et ses grands yeux bleus étaient humides de tendresse heureuse. Il parut laisser une impression favorable.

— Je ne l'avais jamais considéré à ce point de vue, dit Julia à sa mère : il est réellement très-bien,... c'est un mari superbe.

Le mariage eut lieu trois mois plus tard sans aucun appareil et dans l'intimité. Le comte de Moras et sa jeune femme partirent le soir même pour l'Italie.

M. de Lucan avait quitté Paris deux ou trois semaines auparavant, et s'était installé au fond de la Normandie dans une ancienne résidence de sa famille, où Clotilde s'empressa de le rejoindre aussitôt après le départ de Julia.

IV

Vastville, domaine patrimonial de la famille de Lucan, est situé à peu de distance de la mer sur la côte occidentale du Finistère normand. C'est un manoir à toits élevés et à balcons de fer ouvragé, qui date du temps de Louis XIII et qui a remplacé l'ancien château, dont quelques ruines servent encore à la décoration du parc. Il se cache dans un pli de terrain très-ombragé, et une longue avenue de vieux ormes le précède. L'aspect en est singulièrement retiré et mélancolique à cause des bois épais qui l'enveloppent presque de tous côtés. Ce massif boisé marque sur ce point de la presqu'île le dernier effort de la végétation normande. Dès qu'on en franchit la lisière, la vue s'étend tout à coup sans obstacle sur les vastes landes qui forment le plateau triangulaire du cap La Hague : des champs de bruyères et d'ajoncs, des clôtures en pierres sans ciment, çà et là une croix de granit, à droite et à gauche les ondulations lointaines de l'Océan, tel est le paysage sévère, mais grandiose, qui se développe tout à coup sous la pleine lumière du ciel.

M. de Lucan était né à Vastville. Les poétiques souvenirs de l'enfance se mêlaient dans son imagination à la poésie naturelle de ce site et le lui rendaient cher. Il y venait chaque année en pèlerinage sous prétexte de chasse. Depuis son mariage seulement, il avait renoncé à cette habitude de cœur pour ne pas quitter Clotilde, que sa fille retenait à Paris; mais il était convenu qu'ils s'enseveliraient tous deux dans cette retraite pendant une saison dès qu'ils auraient recouvré leur liberté. Clotilde ne connaissait Vastville que par les descriptions enthousiastes de son mari; elle l'aimait de confiance, et c'était d'avance pour elle un lieu enchanté. Cependant, lorsque la voiture qui l'amenait de la gare s'engagea, à la tombée de la nuit, entre les collines chargées de bois, dans la sombre avenue en pente qui conduisait au château, elle eut une impression de froid.

— Mon Dieu, mon ami, dit-elle en riant, c'est le château d'Udolphe, votre château!

Lucan excusa son château comme il put, et protesta, d'ailleurs, qu'il était prêt à le quitter le lendemain, si elle ne lui trouvait pas meilleure mine au lever du soleil.

Elle ne tarda pas à l'adorer. Son bonheur, si contraint jusque-là, s'épanouit pour la première fois librement dans cette solitude et la lui éclaira d'un jour charmant. Elle voulut même y passer l'hiver et y attendre Julia, qui devait rentrer en France dans le courant de l'année suivante. Lucan fit quelque opposition à ce projet, qui lui semblait d'un héroïsme excessif pour une Parisienne, et finit pourtant par l'adopter, trop heureux lui-même d'encadrer dans ce lieu romanesque le roman de ses amours. Il s'ingénia, d'ailleurs, à atténuer ce que ce séjour pouvait avoir de trop austère en ménageant à Clotilde quelques relations dans le voisinage, — en lui procurant par intervalle la société de sa mère. Madame de Pers voulut bien se prêter à cette combinaison, quoique la campagne lui fût généralement répulsive, et que Vastville en particulier eût à ses yeux un caractère sinistre. Elle prétendait y entendre des bruits dans les murailles et des gémissements nocturnes dans les bois. Elle n'y dormait que d'un œil avec deux bougies allumées. Les magnifiques falaises qui bordent la côte à peu de distance, et qu'on essayait de lui faire admirer, lui causaient une sensation pénible.

— Très-beau ! disait-elle, très-sauvage ! tout à fait sauvage ! Mais cela me fait mal ; il me semble que je suis sur le haut des tours de Notre-Dame !... Au surplus, mes enfants, l'amour embellit tout, et je comprends parfaitement vos transports ; quant à moi, vous m'excuserez si je ne les partage pas ! Jamais je ne pourrais m'extasier devant ce pays-ci... J'aime la campagne comme une autre ; mais ceci, ce n'est pas la campagne, c'est le désert, l'Arabie Pétrée, je ne sais pas quoi... Et quant à votre château, mon ami, je suis fâchée de vous le dire, c'est une maison à crimes... Cherchez bien, vous verrez qu'on y a tué quelqu'un.

— Mais non, chère madame, disait Lucan en riant ; je connais parfaitement l'histoire de ma famille, et je puis vous garantir..

— Soyez sûr, mon ami, qu'on y a tué quelqu'un... dans le temps... Vous savez comme on se gênait peu autrefois pour tout ça !

Les lettres de Julia à sa mère étaient fréquentes. C'était un vrai journal de voyage, rédigé à la diable, avec une saisissante originalité de style, et où la vivacité des impressions se corrigeait par cette nuance d'ironie hautaine qui était propre à l'auteur. Julia parlait assez brièvement de son mari, dont elle ne disait d'ailleurs que du bien. Il y avait le plus souvent un *post-scriptum* rapide et bienveillant adressé à M. de Lucan.

M. de Moras était plus sobre de descriptions. Il paraissait ne voir que sa femme en

Italie. Il vantait sa beauté, encore accrue, disait-il, au contact de toutes ces merveilles d'art dont elle s'imprégnait ; il louait son goût extraordinaire, son intelligence et même son caractère. A cet égard, elle était extrêmement mûrie, et il la trouvait presque trop sage et trop grave pour son âge. Ces détails enchantaient Clotilde, et achevaient de lui mettre dans le cœur une paix qu'elle n'avait jamais eue.

Les lettres du comte n'étaient pas moins rassurantes pour l'avenir que pour le présent. Il ne croyait pas, disait-il, devoir presser Julia au sujet de sa réconciliation avec son beau-père ; mais il l'y sentait disposée. Il l'y préparait, au reste, de plus en plus en l'entretenant habituellement de la vieille amitié qui l'unissait à M. de Lucan, de leur vie passée, de leurs voyages, de leurs périls partagés. Non-seulement Julia écoutait ces récits sans révolte, mais souvent elle les provoquait, comme si elle eût regretté ses préventions, et qu'elle eût cherché de bonnes raisons de les oublier :

— Allons, Pylade, parlez-moi d'Oreste! lui disait-elle.

Après avoir passé en Italie toute la saison d'hiver et une partie du printemps, M. et madame de Moras visitèrent la Suisse, en annonçant l'intention d'y séjourner jusqu'au milieu de l'été. M. et madame de Lucan eurent la pensée d'aller les y rejoindre, et de brusquer ainsi un rapprochement qui ne paraissait plus être dès ce moment qu'une affaire de forme. Clotilde s'apprêtait à soumettre ce projet à sa fille, quand elle reçut, par une belle matinée de mai, cette lettre datée de Paris :

« Mère chérie,

» Plus de Suisse! trop de Suisse! Me voilà. Ne te dérange pas. Je sais combien tu te plais à Vastville. Nous irons t'y trouver un de ces matins, et nous reviendrons tous ensemble à l'automne. Je te demande seulement quelques jours pour préparer ici notre future installation.

» Nous sommes au *Grand Hôtel.* Je n'ai pas voulu descendre chez toi pour toute sorte de raisons, pas davantage chez ma grand'-mère, qui me l'a offert toutefois très-gracieusement :

» — Ah! mon Dieu! mes chers enfants,... mais c'est impossible... A l'hôtel!... ce n'est pas convenable ! Vous ne pouvez pas rester à l'hôtel ! Logez chez moi... Mon Dieu, vous serez très-mal... Vous serez campés... Je ne sais même pas comment je vous nourrirai, car ma cuisinière est dans son lit, et mon imbécile de cocher qui a un loriot sur l'œil, par parenthèse ! Aussi on n'arrive pas comme cela... Vous me tombez là comme deux pots de fleurs ! C'est inimaginable ! — Vous vous portez bien d'ailleurs, mon ami... Je ne vous le demande pas... Ça se voit de reste... — Et toi, ma belle minette? Mais c'est un astre,... un vrai astre... Cache-toi... Tu me fais mal aux yeux !... Est-ce que vous avez des bagages?... Enfin, que voulez-vous !... on les mettra dans le salon. Et pour vous, je vous donnerai ma chambre. Je prendrai une femme de ménage et un cocher de remise... Vous ne me gênerez pas du tout, du tout, du tout...

» Bref, nous n'avons pas accepté.

» Mais l'explication de ce retour subit ?... La voici :

» — Est-ce que la Suisse ne vous ennuie pas, mon ami ? ai-je demandé à mon mari.

» — La Suisse m'ennuie, m'a répondu cet écho fidèle.

» — Eh bien, allons-nous-en,

» Et nous sommes partis.

» Contente et troublée jusqu'au fond de l'âme à la pensée de t'embrasser.

» Julia.

» *P.-S.* Je prie M. de Lucan de ne pas m'intimider. »

Les jours qui suivirent furent délicieusement remplis pour Clotilde. Elle défaisait elle-même les caisses qui se succédaient sans interruption, et en rangeait le contenu de ses mains maternelles. Elle dépliait, elle repliait, elle caressait ces jupes, ces corsages, cette lingerie fine et parfumée, qui étaient déjà comme une partie, comme une douce émanation de la personne de sa fille. Lucan, un peu jaloux, la surprenait méditant avec amour sur ces jolies nippes. Elle allait aux écuries voir le cheval de Julia, qui avait suivi de près les caisses; elle lui donnait du sucre et causait avec lui. Elle emplissait de fleurs et de branchages verts l'appartement destiné au jeune ménage.

Cette heureuse fièvre eut bientôt son heureux terme. Environ huit jours après son arrivée à Paris, Julia lui écrivait qu'elle et son mari comptaient partir le soir, et qu'ils seraient le lendemain matin à Cherbourg. C'était la station la plus rapprochée de Vast-ville. Clotilde se disposa naturellement à les aller prendre avec sa voiture. M. de Lucan, après en avoir conféré avec elle, ne crut pas devoir l'accompagner. Il craignit de gêner les premières expansions du retour, et, ne voulant pas cependant que Julia pût interpréter son absence comme un manque d'empressement, il résolut d'aller à cheval au-devant des voyageurs.

V

On était aux premiers jours de juin. Clotilde partit de grand matin, fraîche et radieuse comme l'aube. Lucan se mettait en marche deux heures plus tard au petit pas de son cheval. Les routes normandes sont charmantes en cette saison. Les haies d'épine parfument la campagne, et jettent çà et là sur les bords du chemin leur neige rosée. Une profusion de jeune verdure constellée de fleurs sauvages couvre le revers des fossés. Tout cela, sous le gai soleil du matin, est une fête pour les yeux. M. de Lucan n'accordait cependant, contre sa coutume, qu'une attention distraite au spectacle de cette souriante nature. Il se préoccupait à un degré qui l'étonnait lui-même de sa prochaine rencontre avec sa belle-fille. Julia avait été pour sa pensée une obsession si forte, que sa pensée en avait gardé une empreinte exagérée. Il essayait en vain de lui rendre ses proportions véritables, qui n'étaient après tout que celles d'une enfant, autrefois enfant terrible, aujourd'hui enfant prodigue. Il s'était habitué à lui prêter dans son imagination une importance mystérieuse et une sorte de puissance fatale dont il avait peine à la dépouiller. Il riait et s'irritait de sa faiblesse; mais il éprouvait une agitation mêlée de curiosité et de vague inquiétude au moment de voir en face ce sphinx dont l'ombre seule avait si longtemps troublé sa vie, et qui venait maintenant s'asseoir en personne à son foyer.

Une calèche découverte, pavoisée d'ombrelles, parut au haut d'une côte : Lucan vit une tête se pencher et un mouchoir s'agiter hors de la voiture; il lança aussitôt son cheval au galop. Presque au même instant, la calèche s'arrêta, et une jeune femme sauta lestement sur la route; elle se retourna pour adresser quelques mots à ses compagnons de voyage, et s'avança seule au-devant de Lucan. Ne voulant pas se laisser dépasser en procédés, il mit lui-même pied à terre, donna son cheval au domestique qui le suivait, et se dirigea avec empressement vers la jeune femme qu'il ne reconnaissait pas, mais qui était évidemment Julia. Elle venait à lui sans hâter le pas, d'une démarche glissante, balançant légèrement sa taille flexible. Tout en approchant, elle repoussa son voile d'un coup de main rapide, et Lucan put retrouver dans ce jeune visage, dans ces grands yeux un peu sombres, dans l'arc pur et allongé des sourcils, quelques traits de l'enfant qu'il avait connue.

Quand le regard de Julia rencontra celui de Lucan, son teint pâle se couvrit de pourpre. Il la salua très-bas, avec un sourire d'une grâce affectueuse :

— *Welcome !* dit-il.

— Merci, monsieur, dit Julia d'une voix

dont la sonorité grave et mélodieuse frappa Lucan ; — amis, n'est-ce pas?

Et elle lui tendit ses deux mains avec une résolution charmante.

Il l'attira doucement pour l'embrasser; mais, croyant sentir un peu de résistance dans les bras subitement roidis de la jeune femme, il se borna à lui baiser le poignet au défaut du gant. Puis, affectant de la regarder avec une admiration polie, qui d'ailleurs était sincère :

— J'ai vraiment envie de vous demander, dit-il en riant, à qui j'ai l'honneur de parler.

— Vous me trouvez grandie? dit-elle en montrant ses dents éblouissantes.

— Étonnamment, dit Lucan, très-étonnamment. Je comprends Pierre à merveille.

— Pauvre Pierre ! dit Julia, il vous aime bien !... Ne le faisons pas languir plus longtemps, si vous voulez.

Ils se dirigèrent vers la calèche devant laquelle M. de Moras les attendait, et, tout en marchant côte à côte :

— Quel joli pays ! reprit Julia,... et la mer tout près ?

— Tout près.

— Nous ferons une promenade à cheval après déjeuner, n'est-ce pas?

— Très-volontiers ; mais vous devez être horriblement fatiguée, ma chère enfant... Pardon !... ma chère... Au fait, comment voulez-vous que je vous appelle ?

— Appelez-moi madame,... j'ai été si mauvaise enfant !

Et elle eut un accès de ce rire soudain,

gracieux, mais un peu équivoque, qui lui était familier. Puis, élevant la voix :

— Vous pouvez venir, Pierre; votre ami est mon ami !

Elle laissa les deux hommes échanger de cordiales poignées de main, s'élança dans la voiture, et, reprenant sa place auprès de sa mère :

— Ma mère, dit-elle en l'embrassant, cela s'est très-bien passé… — N'est-ce pas, monsieur de Lucan ?

— Très-bien, dit Lucan en riant, sauf quelques détails.

— Oh! trop difficile, monsieur! dit Julia en se drapant dans ses fourrures.

L'instant d'après, M. de Lucan galopait à côté de la portière pendant que les trois voyageurs de la calèche se livraient à une de ces causeries expansives qui suivent les crises heureusement dénouées. Clotilde, désormais en possession de toutes ses amours, nageait dans le ciel bleu.

— Vous êtes trop jolie, ma mère, lui dit Julia. Avec une grande fille comme moi, c'est coupable !

Et elle l'embrassait.

Lucan, tout en prenant part à l'entretien et en faisant à Julia les honneurs du paysage, essayait de résumer à part lui ses impressions sur la cérémonie qui venait de s'accomplir. En somme, il pensait, comme sa belle-fille, que cela s'était bien passé, quoique la perfection n'y fût pas. La perfection eût été de trouver en Julia une femme toute simple qui se fût jetée bonnement au cou de son beau-père en riant avec lui de son escapade d'enfant gâté; mais il n'avait jamais attendu de Julia des allures aussi rondes. Elle avait été dans cette circonstance tout ce qu'on pouvait attendre d'un naturel comme le sien, elle s'était montrée gracieusement amicale; elle avait, il est vrai, donné à cette première entrevue un certain tour dramatique et solennel : elle était romanesque, et, comme Lucan l'était lui-même passablement, cette bizarrerie ne lui avait pas déplu.

Il avait été, au reste, agréablement surpris de la beauté de madame de Moras, qui était en effet saisissante. La pureté sévère de ses traits, l'éclat profond de son regard bleu frangé de longs cils noirs, l'exquise harmonie de ses formes, n'étaient pas ses seules, ni même ses principales séductions : elle devait son attrait rare et personnel à une sorte de grâce étrange, mêlée de souplesse et de force, qui enchantait ses moindres mouvements. Elle avait dans ses jeux de physionomie, dans sa démarche, dans ses gestes, l'aisance souveraine d'une femme qui ne sent pas un seul point faible dans sa beauté, et qui se meut, se développe et s'épanouit avec toute la liberté d'un enfant dans son berceau ou d'un fauve dans les bois. Faite comme elle l'était, elle n'avait pas de peine à se bien mettre : les plus simples toilettes s'ajustaient sur sa personne avec une précision élégante qui faisait dire à la baronne de Pers, dans son langage inexact, mais expressif :

— On l'habillerait avec un gant de Suède !

Dans la même journée et dans les jours qui suivirent, Julia s'assura de nouveaux titres aux bonnes grâces de M. de Lucan en se prenant d'un goût vif pour le château de Vastville et pour les sites environnants. Le château lui plut par son style romantique, son jardin à la vieille mode orné de charmilles et d'ifs taillés, les allées solitaires du parc et ses bois mélancoliques semés de ruines. Elle eut des extases devant les grandes plaines de bruyères fouettées par les vents de l'Océan, les arbres aux cimes tordues et convulsives, les hautes falaises de granit creusées par les vagues éternelles. — Tout cela, disait-elle en riant, avait beaucoup de caractère, et, comme elle en avait beaucoup aussi, elle se sentait dans son élément. Elle avait trouvé sa patrie, elle était heureuse ; sa mère, à qui elle payait en effusions passionnées tout son arriéré de tendresse, l'était encore davantage.

La plupart des journées se passaient en cavalcades. Après le dîner, Julia, dans cette humeur joyeuse et un peu fiévreuse qui l'animait, racontait ses voyages en parodiant d'une manière plaisante ses exaltations et la froideur relative de son mari devant les chefs-d'œuvre de l'art antique. Elle illustrait ces souvenirs par des scènes de mimique où elle déployait une adresse de fée, une verve d'artiste, et parfois une drôlerie de rapin. En un tour de main, avec une fleur, un chiffon, une feuille de papier, elle se faisait une coiffure napolitaine, romaine, sicilienne. Elle jouait des scènes de ballet ou d'opéra en repoussant la queue de sa robe d'un coup de pied tragique, et en accentuant fortement les exclamations banales du lyrisme italien : — *O ciel! crudel! perfido! O dio! perdona!* Puis, s'agenouillant sur un fauteuil, elle imitait la voix et les gestes d'un prédicateur qu'elle avait entendu à Rome, et qui ne paraissait pas l'avoir suffisamment édifiée. Dans toutes ces attitudes diverses, elle ne perdait pas un atome de sa grâce, et ses poses les plus comiques gardaient de l'élégance. A la suite de ces folies, elle reprenait son air de reine ennuyée.

Sous le charme du mouvement et des prestiges de cette brillante nature, M. de Lucan pardonnait volontiers à Julia les caprices et les singularités dont elle était prodigue, surtout à l'égard de son beau-père. Elle se montrait en général avec lui ce qu'elle avait été dès le début, amicale et polie, avec une nuance d'ironie altière ; mais elle avait de fortes inégalités. Lucan surprenait parfois son regard attaché sur lui avec une expression pénible et comme farouche. Un jour, elle repoussait avec une brusque maussaderie la main qu'il lui offrait pour l'aider à descendre de cheval ou à escalader une barrière. Elle semblait fuir les occasions de se trouver seule avec lui, et, quand elle ne pouvait échapper à quelques moments de tête-à-tête, elle laissait voir tantôt un malaise irrité, tantôt une impertinence railleuse. Lucan pensait qu'elle se reprochait parfois de trop démentir ses anciens sentiments, et qu'elle croyait se devoir à elle-même de leur donner de temps en temps un gage de fidélité. Il lui savait gré au surplus de réserver pour lui seul ces signes équivoques et de n'en pas troubler sa mère. En somme, il n'attachait à ces symptômes qu'une faible importance. S'il y avait encore dans les dispositions affectueuses de sa belle-fille un peu de lutte et d'effort, c'était de la part de ce caractère hautain un trait excusable, une dernière défense qu'il se flattait de faire bientôt disparaître en redoublant de délicates attentions.

Deux semaines environ après l'arrivée de Julia, il y eut un bal chez la marquise de Boisfresnay, en son château de Boisfresnay qui est situé à deux ou trois lieues de Vastville. M. et madame de Lucan entretenaient des relations de voisinage avec la marquise. Ils allèrent à ce bal avec Julia et son mari, les hommes dans le coupé, les deux femmes, à cause de leur toilette, seules dans la calèche. Vers minuit, Clotilde prit son mari à part, et, lui montrant sa fille qui valsait dans le salon voisin avec un officier de marine :

— Chut ! mon ami, lui dit-elle ; j'ai une migraine affreuse, et Pierre s'ennuie à mourir ; mais nous n'avons pas le courage d'emmener Julia de si bonne heure... Voulez-vous être aimable ? Vous la ramènerez, et nous allons partir, Pierre et moi ; nous vous laisserons la calèche.

— Très-bien, ma chère, dit Lucan, sauvez-vous.

Clotilde et M. de Moras s'esquivèrent aussitôt.

Un instant plus tard, Julia, fendant dédaigneusement la foule qui s'écartait devant elle comme devant un ange de lumière, souleva son front superbe et fit un signe à Lucan.

— Je ne vois plus ma mère? lui dit-elle.

Lucan l'informa en deux mots de la combinaison qui venait d'être arrêtée. Un éclair soudain jaillit des yeux de la jeune femme, ses sourcils se plissèrent ; elle haussa légèrement les épaules sans répondre, et rentra dans le bal en se frayant passage avec la même insolence tranquille. Elle s'abandonna de nouveau au bras d'un officier de marine, et parut prendre plaisir à tourbillonner dans sa splendeur. Sa toilette de bal donnait, en effet, à sa beauté un étrange éclat. Son sein et ses épaules, sortant de son corsage avec une sorte d'insouciance chaste, gardaient dans l'animation de la danse la pureté froide et lustrée du marbre.

Lucan lui proposa de valser avec elle ; elle hésita, mais, ayant consulté sa mémoire, elle découvrit qu'elle n'avait pas encore épuisé la liste des officiers de marine qui s'étaient précipités par escadres sur cette riche proie. Au bout d'une heure, elle se lassa d'être admirée, et demanda la voiture. Comme elle s'enveloppait de ses draperies dans le vestibule, son beau-père lui offrit ses services.

— Non ! je vous en prie, dit-elle avec impatience ; les hommes ne savent pas,... pas du tout !

Puis elle se jeta dans la voiture d'un

air ennuyé. Cependant, comme les chevaux se mettaient en marche :

— Fumez, monsieur, reprit-elle avec plus de bonne grâce.

Lucan la remercia de la permission sans en profiter ; puis, tout en faisant ses petits arrangements de voisinage :

— Vous étiez bien belle ce soir, ma chère enfant ! lui dit-il.

— Monsieur, dit Julia d'un ton nonchalant mais affirmatif, je vous défends de me trouver belle, et je vous défends de m'appeler « ma chère enfant » !

— Soit, dit Lucan. Eh bien, vous n'êtes pas belle, vous ne m'êtes pas chère, et vous n'êtes pas une enfant.

— Pour enfant ! non, dit-elle énergiquement.

Elle s'encapuchonna de son voile, croisa les bras sur son sein, et s'accommoda dans son coin, où des clartés de lune venaient de temps à autre se jouer dans ses blancheurs.

— Peut-on dormir ? demanda-t-elle.

— Comment donc ! Très-certainement. Voulez-vous que je ferme la glace ?

— S'il vous plaît. Mes fleurs ne vous feront pas mal ?

— Pas du tout.

Après un silence :

— M. de Lucan ? reprit Julia.

— Chère madame ?

— Expliquez-moi donc les usages, car il y a des choses que je ne comprends pas bien... Est-ce qu'il est admis,... est-ce qu'il est convenable qu'on laisse revenir du bal, en tête-à-tête, à deux heures du matin, une femme de mon âge et un monsieur du vôtre?

— Mais, dit Lucan, non sans une certaine gravité, je ne suis pas un monsieur,... je suis le mari de votre mère.

— Ah! sans doute, vous êtes le mari de ma mère! dit-elle en scandant ces mots d'une voix vibrante, qui fit craindre à Lucan quelque explosion.

Mais, paraissant dominer une violente émotion, elle poursuivit d'un ton presque enjoué :

— Oui, vous êtes le mari de ma mère, et vous êtes même, suivant moi, un très-mauvais mari pour ma mère.

— Suivant vous, dit tranquillement Lucan. Et pourquoi cela?

7.

— Parce que vous ne lui convenez pas du tout.

— Avez-vous consulté votre mère à ce sujet, ma chère dame? Il me semble qu'elle en est meilleur juge que vous.

— Je n'ai pas besoin de la consulter. Il n'y a qu'à vous voir tous deux. Ma mère est une créature angélique,... et vous, non.

— Qu'est-ce que je suis donc?

— Un romanesque, un tourmenté,... tout le contraire enfin. — Un jour ou l'autre, vous la trahirez.

— Jamais, dit Lucan, avec un peu de sévérité.

— En êtes-vous bien sûr, monsieur? dit Julia en dirigeant son regard sur lui du fond de son capuchon.

— Chère madame, répondit M. de Lucan, vous me demandiez tout à l'heure de vouloir bien vous apprendre ce qui est convenable et ce qui ne l'est pas; eh bien, il n'est pas convenable que nous prenions, vous votre mère, et moi ma femme, pour texte d'une plaisanterie de ce genre, et, par conséquent, il est convenable de nous taire.

Elle se tut, resta immobile et ferma les yeux. Après un moment, Lucan vit une larme se détacher de ses longs cils, et glisser sur sa joue.

— Mon Dieu, mon enfant, dit-il, je vous ai blessée,... je vous fais sincèrement mes excuses.

— Gardez vos excuses ! dit-elle d'une voix sourde en ouvrant brusquement ses grands yeux. Je ne veux pas plus de vos excuses que de vos leçons !... Vos leçons ! comment en ai-je mérité l'humiliation ?... Je ne comprends pas. Quoi de plus innocent que mes paroles, et que voulez-vous donc que je vous dise ? Est-ce ma faute si je suis là seule avec vous,... si je suis obligée de vous parler,... si je ne sais que vous dire ? Comment m'expose-t-on à cela ? Pourquoi m'en demander plus que je n'en puis faire ? On présume trop de mes forces ! C'est assez,... c'est mille fois trop déjà de la comédie que je joue chaque jour... Dieu sait si j'en suis lasse !

Lucan eut peine à surmonter l'étonnement douloureux qui l'avait saisi.

— Julia, dit-il enfin, vous avez bien voulu me dire que nous étions amis ;

je le croyais..., Ce n'est donc pas vrai ?
— Non.

Après avoir lancé ce mot avec une sombre énergie, elle s'enveloppa la tête et le visage dans ses voiles, et demeura pendant le reste du chemin plongée dans un silence que M. de Lucan ne troubla pas.

VI

Après quelques heures d'un sommeil pénible, M. de Lucan se leva le lendemain le front chargé de soucis. La reprise d'hostilités qui lui avait été si clairement signifiée présageait sûrement pour son repos de nouveaux troubles, pour le bonheur de Clotilde de nouveaux déchirements. Il allait donc rentrer dans ces odieuses agitations qui avaient si longtemps désolé sa vie, et, cette fois, sans aucune espérance d'en sortir.

Comment, en effet, ne pas désespérer à jamais de ce caractère indomptable que l'âge et la raison, que tant d'égards et de tendresse avaient laissé impassible dans ses préventions et ses haines? Comment comprendre et surtout comment vaincre jamais le sentiment chimérique ou plutôt la manie qui avait pris possession de cette âme concentrée, et qui s'y perpétuait sourdement, toujours près d'éclater en violences furieuses?

Clotilde et Julia n'avaient pas encore paru. Lucan alla faire un tour dans le jardin pour respirer encore une fois la paix de sa chère solitude, en attendant les orages prévus. A l'extrémité d'un berceau de charmille, il aperçut le comte de Moras, le bras appuyé sur le piédestal d'une vieille statue et les yeux fixés sur le sol. M. de Moras n'avait jamais été un rêveur ; mais, depuis son arrivée au château, il avait, dans plus d'une occasion déjà, laissé voir à Lucan des dispositions mélancoliques très-étrangères à son naturel. Lucan s'en inquiétait ; cependant, comme il n'aimait pas lui-même qu'on forçât sa confidence, il s'était abstenu de l'interroger.

Ils se prirent la main en s'abordant.

— Vous êtes revenus tard cette nuit ? demanda le comte.

— Vers trois heures.

— Oh ! *povero !*... A propos, merci de votre complaisance pour Julia... Comment a-t-elle été pour vous ?

— Mais... bien, dit Lucan. — Un peu singulière, comme toujours.

— Oh ! singulière... va de soi !

Il sourit assez tristement, prit le bras de Lucan, et, l'entraînant dans les dédales de charmille :

— Voyons, mon cher, lui dit-il d'une voix contenue, entre nous deux, qu'est-ce que c'est que Julia ?

— Comment, mon ami ?

— Oui, quelle femme est-ce que ma femme ? Si vous le savez, je vous en prie, dites-le-moi.

— Pardon,... mais c'est à vous que je le demanderai.

— A moi ? dit le comte ; mais je l'ignore absolument. C'est une énigme dont le mot m'échappe. Elle me charme et m'épouvante... Elle est singulière, disiez-vous ? Elle est plus que cela,... elle est fantastique. Elle n'est pas de ce monde. Je ne sais qui j'ai épousé... Vous vous rappelez cette belle et froide créature des contes arabes qui se relevait la nuit pour aller faire des orgies dans les cimetières... C'est absurde, mais elle m'y fait songer !

L'œil troublé du comte, le rire contraint dont il accompagnait ses paroles, émurent vivement Lucan.

— Ainsi, lui dit-il, vous êtes malheureux?

— On ne peut davantage, répondit le comte en lui serrant la main avec force. Je l'adore, et je suis jaloux,... sans savoir de qui ni de quoi! Elle ne m'aime pas,... et cependant, elle aime,... elle doit aimer! Comment en douter? Vous la voyez, c'est l'image même de la passion;... le feu de la passion déborde dans ses paroles, dans ses regards, dans le sang de ses veines !... Et, près de moi, c'est la statue glacée d'un tombeau !

— Franchement, mon cher, dit Lucan, vous me semblez exagérer beaucoup vos désastres. En réalité, ils me paraissent se réduire à très-peu de chose. D'abord, vous êtes sérieusement amoureux pour la première fois de votre vie, je crois; vous aviez beaucoup entendu parler de l'amour, de la passion, et peut-être en attendiez-vous des merveilles excessives. En second lieu, je vous ferai observer que les très-jeunes femmes sont rarement très-passionnées. L'espèce de froideur dont vous semblez vous plaindre est donc très-explicable sans l'intervention du surnaturel. Les jeunes femmes, je vous le répète, sont en général idéalistes; leurs amours n'ont pas de corps... Vous demandez de qui ou de quoi vous devez être jaloux ? Soyez-le donc de tout ce romanesque vague qui tourmente les jeunes imaginations, du vent, de la tempête, des plaines désertes, des falaises sauvages, de mon vieux manoir, de mes bois et de mes ruines, car Julia adore tout cela! Soyez-le surtout de ce culte ardent qu'elle conserve à la mémoire de son père, et qui absorbe encore — j'en ai la preuve récente — le plus vif de sa passion.

— Vous me faites du bien, reprit Pierre de Moras en respirant avec allégement, et cependant je m'étais dit tout cela... Mais, si elle n'aime pas,... elle aimera,... elle aimera un jour,... et si ce n'était pas moi ! Si elle donnait à un autre tout ce qu'elle me refuse !... mon ami, ajouta le comte, dont les beaux traits pâlirent, — je la tuerais de ma main !

— Amoureux ! dit Lucan ; et moi, je ne suis plus rien, alors?

— Vous, mon ami? dit Moras avec émotion,... vous voyez ma confiance ! Je vous livre des faiblesses honteuses... Ah ! pourquoi ai-je jamais connu un autre sentiment que celui de l'amitié ! Elle seule rend tout ce qu'on lui donne, elle fortifie au lieu d'énerver ; c'est la seule passion digne d'un homme... Ne m'abandonnez jamais, mon ami ; vous me consolerez de tout.

La cloche qui annonçait l'heure du déjeuner les rappela au château. Julia se disait fatiguée et souffrante. A l'abri de ce prétexte, son humeur silencieuse, ses réponses

plus que sèches aux questions polies de
Lucan, passèrent d'abord sans éveiller l'attention de sa mère et de son mari ; mais,
pendant le reste de la journée, et parmi les
divers incidents de la vie de famille, le ton
agressif de Julia et ses façons maussades à
l'égard de Lucan s'accentuèrent trop fortement pour n'être pas remarqués. Toutefois,
comme Lucan avait la patience et le bon
goût de ne pas sembler s'en apercevoir,
chacun garda pour soi ses impressions. Le
dîner fut, ce jour-là, plus sérieux qu'à
l'ordinaire. La conversation tomba vers la
fin du repas sur un terrain brûlant, et ce
fut Julia qui l'y amena, sans d'ailleurs penser
à mal. Elle épuisait sa verve railleuse sur
un bambin de huit à dix ans, fils de la
marquise de Boisfresnay, lequel l'avait

fort agacée la veille en promenant dans le bal sa suffisante petite personne, et en se lançant agréablement comme une toupie dans les jambes des danseurs et dans les robes des danseuses. La marquise se pâmait de joie devant ces délicieuses espiègleries. Clotilde la défendit doucement en alléguant que cet enfant était son fils unique.

— Ce n'est pas une raison pour faire cadeau à la société d'un drôle de plus, dit Lucan.

— Au reste, reprit Julia, qui s'empressa de n'être plus de son propre avis dès que son beau-père en était, il est parfaitement reconnu que les enfants gâtés sont ceux qui tournent le mieux.

— Il y a bien au moins quelques exceptions, dit froidement Lucan.

— Je n'en connais pas, dit Julia.

— Mon Dieu, dit le comte de Moras sur un ton de conciliation, à tort ou à raison, c'est fort la mode aujourd'hui de gâter les enfants.

— C'est une mode criminelle, dit Lucan, Autrefois, on les fouettait, et on en faisait des hommes.

— Quand on a ces dispositions-là, dit Julia, on ne mérite pas d'avoir des enfants... et on n'en a pas! ajouta-t-elle avec un regard direct qui aggravait encore l'intention désobligeante et même cruelle de ses paroles.

M. de Lucan devint très-pâle. Les yeux de Clotilde s'emplirent de larmes. Julia, embarrassée de son triomphe, sortit de la salle. Sa mère, après être restée quelques minutes le visage caché dans ses mains, se leva et alla la rejoindre.

— Ah çà! mon cher, dit M. de Moras dès qu'il se trouva seul avec Lucan, que s'est-il donc passé entre vous, la nuit dernière?... Vous m'aviez bien dit quelque chose de cela tantôt,... mais j'étais si absorbé dans mes préoccupations égoïstes, que je n'y ai pas pris garde... Enfin, que s'est-il passé?

— Rien de grave. Seulement, j'ai pu me convaincre qu'elle ne me pardonnait pas de tenir une place qui, suivant elle, n'aurait jamais dû être remplie.

— Que me conseillez-vous, George? reprit M. de Moras. Je ferai ce que vous voudrez.

— Mon ami, dit Lucan en lui posant

doucement les mains sur les épaules, ne vous offensez pas, mais la vie commune dans ces conditions devient bien difficile. N'attendons pas quelque scène irréparable. A Paris, nous pourrons nous voir sans inconvénient. Je vous conseille de l'emmener.

— Si elle ne veut pas?

— Je parlerais ferme, dit Lucan en le regardant dans les yeux; — j'ai à travailler ce soir, cela se trouve bien. A bientôt, mon ami.

M. de Lucan s'enferma dans sa bibliothèque. Une heure plus tard, Clotilde vint l'y trouver. Il put voir qu'elle avait beaucoup pleuré; mais elle lui tendit son front avec son plus doux sourire. Pendant qu'il l'embrassait, elle murmura simplement à voix basse :

— Pardon pour elle!

Et la charmante créature se retira à la hâte en dissimulant son émotion.

Le lendemain, M. de Lucan, levé comme de coutume d'assez grand matin, travaillait depuis quelque temps près de la fenêtre de la bibliothèque, qui s'ouvrait à une faible hauteur sur le jardin. Il ne fut pas médiocrement surpris de voir apparaître le visage de sa belle-fille entre les lianes de chèvrefeuille qui s'enlaçaient au feuillage de fer du balcon :

— Monsieur, dit-elle de sa voix chantante, êtes-vous bien occupé?

— Mon Dieu, non! répondit-il en se levant.

— C'est qu'il fait un temps divin, reprit-elle. Voulez-vous venir vous promener avec moi?

— Mon Dieu, oui.

— Eh bien, venez... Dieu! ça sent bon, ce chèvrefeuille!

Et elle en arracha quelques fleurs qu'elle jeta par la fenêtre à Lucan avec un éclat de rire. Il les fixa dans sa boutonnière, en faisant le geste d'un homme qui ne comprend rien à ce qui se passe, mais qui n'en est pas fâché.

Il la trouva en fraîche toilette du matin, piaffant sur le sable de son pied léger et impatient.

— Monsieur de Lucan, lui dit-elle gaiement, ma mère veut que je sois aimable pour vous, mon mari le veut, le Ciel aussi, je suppose; c'est pourquoi je le veux également, et je vous assure que je suis très-aimable quand je m'en donne la peine,... vous verrez ça !

— Est-il possible ? dit Lucan.

— Vous verrez, monsieur ! répondit-elle en lui faisant avec toutes ses grâces une révérence théâtrale.

— Et où allons-nous, madame ?

— Où il vous plaira,... dans les bois, à l'aventure, si vous voulez.

Les collines boisées étaient si rapprochées du château, qu'elles bordaient d'une frange d'ombre un des côtés de la cour. M. de Lucan et Julia s'engagèrent dans le premier sentier qui se présenta devant eux ; mais Julia ne tarda point à quitter les chemins frayés pour marcher au hasard d'un arbre à l'autre, s'égarant à plaisir, battant les fourrés de sa canne, cueillant des fleurs ou des feuillages, s'arrêtant en extase devant les bandes lumineuses qui rayaient çà et là les tapis de mousse, franchement enivrée de mouvement, de plein air, de soleil et de jeunesse. Elle jetait à son compagnon tout en marchant des mots de gracieuse camaraderie, des interpellations folles, des moqueries d'enfant, et faisait retentir les bois de la mélodie de son rire.

Dans son admiration pour la flore sauvage, elle avait peu à peu récolté un véritable fagot dont M. de Lucan acceptait la charge avec résignation : s'apercevant qu'il succombait sous le poids, elle s'assit sur les racines d'un vieux chêne pour faire, dit-elle, un triage dans tout ce pêle-mêle. Elle prit alors sur ses genoux le paquet d'herbes et de fleurs, et se mit à rejeter tout ce qui lui parut d'une qualité inférieure. Elle passait à Lucan, assis à quelques pas d'elle, ce qu'elle croyait devoir réserver pour le bouquet définitif, motivant gravement ses arrêts à chacune des plantes qu'elles examinait.

— Toi, ma chère, trop maigre !... toi, gentille, mais trop courte !... toi, tu sens mauvais !... toi, tu as l'air bête !...

Puis, venant brusquement à un autre ordre d'idées qui ne laissa pas d'inquiéter d'abord M. de Lucan :

— C'est vous, n'est-ce pas, lui dit-elle, qui avez conseillé à Pierre de me parler avec fermeté ?

— Moi ? dit Lucan ; quelle idée !

— Ça doit être vous. — Toi, poursuivit-elle en continuant de s'adresser à ses fleurs, tu as l'air malade, bonsoir!...— Oui, ça doit être vous... On vous croirait doux, à vous voir, et vous êtes très-dur, très-tyrannique...

— Féroce, dit Lucan.

— Au reste, je ne vous en veux pas. Vous avez eu raison, ce pauvre Pierre est trop faible avec moi. J'aime qu'un homme soit un homme... Il est pourtant très-brave, n'est-ce pas?

— Infiniment, dit Lucan. Il est capable de la plus extrême énergie.

— Il en a l'air, et cependant avec moi... c'est un ange.

— C'est qu'il vous aime.

— Très-probable!...— Il y a de ces fleurs qui sont curieuses... On dirait une petite dame, celle-ci!

— J'espère bien que vous l'aimez aussi, mon brave Pierre?

— Très-probable, encore.

Après une pause, elle secoua la tête :

— Et pourquoi l'aimerais-je?

— Belle question! dit Lucan; mais parce qu'il est parfaitement digne d'être aimé, parce qu'il a tous les mérites, l'intelligence, le cœur et même la beauté,... enfin, parce que vous l'avez épousé.

— Monsieur de Lucan, voulez-vous que je vous fasse une confidence?

— Je vous en prie.

— Ce voyage d'Italie a été très-mauvais pour moi.

— Comment cela?

— Avant mon mariage, figurez-vous que je ne me croyais pas laide ;précisément, mais je me croyais ordinaire.

— Oui,... eh bien?

— Eh bien, en me promenant en Italie, à travers tous ces souvenirs et tous ces marbres si admirés, je faisais d'étranges réflexions... Je me disais qu'après tout ces princesses et ces déesses du monde antique qui rendaient fous les bergers et les rois, pour lesquelles éclataient les guerres et les sacriléges, étaient à peu près des personnes dans mon genre. Alors m'est venue l'idée fatale de ma beauté. J'ai compris que je disposais d'une puissance exceptionnelle, que j'étais une chose sacrée qui ne devait pas se donner à un prix vulgaire, qui ne pouvait être que la récompense,... que sais-je... d'une grande action... ou d'un grand crime !

Lucan resta un moment interdit par l'audacieuse naïveté de ce langage. Il prit le parti d'en rire.

— Mais, ma chère Julia, dit-il, faites attention : vous vous trompez de siècle... Nous ne sommes plus au temps où l'on se mettait en guerre pour les beaux yeux des dames... Au reste, parlez-en à Pierre : il a tout ce qu'il faut pour vous fournir la grande action demandée ; quant au crime, je crois que vous devez y renoncer.

— Croyez-vous ? dit Julia. C'est dommage ! ajouta-t-elle en éclatant de rire.

— Enfin, vous voyez, je vous dis toutes les folies qui me passent par la tête... C'est aimable, ça, j'espère ?

— C'est extrêmement aimable, dit Lucan. Continuez.

— Avec ce précieux encouragement, monsieur!... dit-elle en se levant et en achevant sa phrase par une révérence; — mais, pour le moment, allons déjeuner... Je vous recommande mon bouquet. Tenez les têtes en bas... Marchez devant, monsieur, et par le plus court, je vous prie, car j'ai un appétit qui m'arrache des larmes.

Lucan prit le sentier qui menait le plus directement au château. Elle le suivit d'un pas agile, tantôt fredonnant une cavatine, tantôt lui adressant de nouvelles instructions sur la manière de tenir son bouquet, ou le touchant légèrement du bout de sa canne pour lui faire admirer quelque oiseau perché sur une branche.

Clotilde et M. de Moras les attendaient, assis sur un banc devant la porte du château. L'inquiétude peinte sur leur visage se dissipa au bruit de la voix rieuse de Julia. Dès qu'elle les aperçut, la jeune femme enleva le bouquet à Lucan, accourut vers Clotilde, et, lui jetant dans les bras sa moisson de fleurs :

— Ma mère, dit-elle, nous avons fait une délicieuse promenade... Je me suis beaucoup amusée. M. de Lucan aussi,... et, de plus, il a beaucoup profité dans ma conversation... Je lui ai ouvert des horizons !...

Elle décrivit avec la main une grande courbe dans le vide, pour indiquer l'immensité des horizons qu'elle avait ouverts à M. de Lucan. Puis, entraînant sa mère vers la salle à manger et aspirant l'air avec force :

— Oh! cette cuisine de ma mère! dit-elle. Quel arome!

Cette belle humeur, qui mit le château en fête, ne se démentit pas de toute la journée, et, chose inespérée, elle persista le lendemain et les jours suivants sans altération sensible. Si Julia nourrissait encore quelques restes de ses farouches ennuis, elle avait du moins la bonté de les réserver pour elle et d'en souffrir seule. Plus d'une fois encore, on la vit revenir de ses excursions solitaires, le front soucieux et l'œil sombre; mais elle secouait ces dispositions équivoques dès qu'elle se retrouvait en famille, et n'avait plus que des grâces. Elle en avait surtout pour M. de Lucan, envers qui elle sentait apparemment qu'elle avait beaucoup à réparer. Elle absorbait même son temps sans beaucoup de discrétion, et le mettait un peu trop souvent en réquisition pour des promenades, des dessins de tapisserie, de la musique à quatre mains, quelquefois pour rien, simplement pour le déranger, se plantant devant ses fenêtres, et lui posant à travers ses lectures des séries de questions burlesques. Tout cela était charmant : M. de Lucan s'y prêtait avec complaisance, et n'avait pas assurément grand mérite.

La baronne de Pers vint sur ces entrefaites passer trois jours chez sa fille. Elle fut informée aussitôt avec détails du changement miraculeux qui s'était opéré dans le caractère de Julia et dans sa manière d'être à l'égard de son beau-père. Témoin des gracieuses attentions qu'elle prodiguait à M. de Lucan, madame de Pers eut des démonstrations de vive satisfaction, au milieu desquelles on retrouvait toutefois quelques traces de ses anciennes préventions contre sa petite-fille.

La veille du départ de la baronne, on invita quelques voisins à dîner pour lui être agréable, car elle n'avait qu'un faible goût pour l'intimité de famille, et elle aimait passionnément les étrangers. On lui donna donc, faute de temps pour mieux faire, le curé de Vastville, le percepteur, le médecin et le receveur de l'enregistrement, hôtes assez habituels du château et grands admirateurs de Julia. C'était peu de chose sans doute, c'était assez cependant pour fournir à la baronne l'occasion de mettre une robe habillée.

Julia, pendant le dîner, parut s'appliquer à faire la conquête du curé, vieillard candide, qui subissait la fascination de sa voisine avec une sorte de stupeur joyeuse. Elle le faisait manger, elle le faisait boire, elle le faisait rire.

— Quel serpent, n'est-ce pas, monsieur le curé? dit la baronne.

— Elle est bien aimable, dit le curé.

— A faire frémir, reprit la baronne.

Le soir, après quelques tours de valse, Julia, accompagnée par son mari, chanta de sa belle voix grave des mélodies inédites, des chansons nationales qu'elle avait rapportées d'Italie. Un de ces airs lui rappelant une espèce de tarentelle qu'elle avait vu danser par des femmes de Procida, elle pria son mari de la jouer. Elle contait en même temps avec feu comment se dansait cette tarentelle, en donnant une rapide indication des pas, des gestes et des attitudes ; puis, tout à coup, entraînée par l'ardeur de son récit :

— Attendez, Pierre, dit-elle, je vais la danser... Ce sera plus simple.

Elle releva sa traîne, qui la gênait, et pria sa mère de la fixer avec des épingles. Pendant ce temps, elle s'occupait elle-même activement : il y avait sur la cheminée et sur les consoles des vases remplis de fleurs et de verdure ; elle y puisait de ses mains alertes, et, posée devant une glace, elle piquait et entrelaçait pêle-mêle dans ses cheveux magnifiques des fleurs, des herbes, des grappes, des épis, tout ce qui venait sous ses doigts. La tête chargée de cette couronne épaisse et frissonnante, elle vint se placer au milieu du salon.

— Allez, mon ami ! dit-elle à M. de Moras.

Il joua la tarentelle, qui débutait par une sorte de pas de ballet lent et solennel que Julia mima avec ses airs souverains, déployant et reployant comme des guirlandes ses bras d'almée ; puis, le rhythme s'animant de plus en plus, elle frappa le parquet de ses pas rapides et redoublés avec la souplesse sauvage et le sourire épanoui d'une jeune bacchante : brusquement elle termina par une glissade prolongée qui l'amena toute palpitante devant M. de Lucan, assis en face d'elle. Là, elle fléchit un genou, porta d'un geste soudain ses deux mains à ses cheveux, et, secouant en même temps sa tête penchée, elle fit tomber sa couronne en pluie de fleurs aux pieds de Lucan, en disant de sa plus douce voix, sur le ton d'un gracieux hommage :

— Monsieur!...

Après quoi, elle se redressa, toujours glissante, se jeta dans un fauteuil, prit gravement le tricorne du curé, et s'en éventa le visage.

Au milieu des applaudissements et des rires qui remplissaient le salon, la baronne de Pers se rapprocha doucement de Lucan sur le canapé qu'ils occupaient en commun, et lui dit tout bas :

— Ah çà, mon cher monsieur, qu'est-ce que c'est donc que ce nouveau système-là ?

Savez-vous que j'aimais encore mieux sa première manière, moi?...

— Comment, chère madame? Pourquoi donc? dit simplement Lucan.

Mais, avant que la baronne eût pu s'expliquer, en supposant qu'elle en eût l'intention, Julia fut prise d'une nouvelle fantaisie.

— Décidément j'étouffe,... dit-elle. — Monsieur de Lucan, offrez-moi votre bras.

Elle sortit, et Lucan l'accompagna. Elle s'arrêta dans le vestibule pour se couvrir la tête de son grand voile blanc, parut hésiter un moment entre la porte du jardin et celle de la cour; puis, se décidant :

— Dans l'allée aux Dames, dit-elle; c'est là qu'il fait le plus frais.

L'allée aux Dames qui était le lieu de promenade favori de Julia, s'ouvrait en face de l'avenue, à l'autre extrémité de la cour. C'était un sentier en pente douce pratiqué entre l'escarpement rocheux des coteaux boisés et le bord d'un ravin qui paraissait avoir été un des fossés de l'ancien château. Un ruisseau coulait au fond de ce ravin avec un bruit mélancolique; il allait se perdre, à quelque distance, dans un petit étang ombragé de saules, et gardé par deux vieilles nymphes de marbre, auxquelles l'allée aux Dames devait son nom, consacré par la tradition du pays. A mi-chemin entre la cour et l'étang, des fragments de mur et des cintres brisés, débris de quelque fortification extérieure, s'étageaient sur le revers du coteau; pendant quelques pas, ces ruines bordaient le sentier de leurs épais contre-forts, et y projetaient, avec des festons de lierre et de ronces, une masse d'ombre que la nuit changeait en ténèbres opaques. On eût dit alors que le passage était coupé par un abîme. Le caractère sombre de ce site n'était pas, d'ailleurs, sans quelques adoucissements : un sable fin et sec jonchait le sentier; des bancs rustiques étaient adossés çà et là contre l'escarpement ; enfin, les talus gazonnés qui descendaient dans le ravin étaient semés de jacinthes, de violettes et de rosiers nains dont le parfum s'élevait et se conservait dans cette allée couverte comme l'odeur de l'encens dans une église.

On était alors à la fin de juillet, et la chaleur avait été accablante dans la journée. En quittant l'atmosphère de la cour encore embrasée par les feux du couchant, Julia respira avec avidité l'air frais du ruisseau et des bois.

— Dieu! que c'est bon! dit-elle.

— Mais j'ai peur que ce ne soit trop bon, dit Lucan; permettez-moi...

Et il lui roula en double autour du cou les bouts flottants de son voile.

— Comment! vous tenez donc à mes jours? dit-elle.

— Mais certainement.

— C'est magnanime!

Elle fit quelques pas en silence, s'appuyant légèrement sur le bras de son compagnon, et balançant à sa manière sa taille gracieuse.

— Votre bon curé doit me prendre pour une espèce de diable? reprit-elle.

— Il n'est pas le seul, dit Lucan avec un sang-froid ironique.

Elle eut un rire bref et contraint; puis, après une nouvelle pause, en continuant sa marche, le front penché :

— Vous devez pourtant me détester un peu moins maintenant, dites?

— Un peu moins.

— Soyez sérieux, voulez-vous? Je sais que je vous ai fait beaucoup souffrir... Commencez-vous à me pardonner?

Sa voix avait pris un accent de sensibilité qui ne lui était pas ordinaire, et qui toucha M. de Lucan.

— Je vous pardonne de grand cœur, mon enfant, répondit-il.

Elle s'arrêta, et, lui saisissant les deux mains :

— C'est vrai? c'est fini de nous haïr?... dit-elle d'un ton bas et comme timide. Vous m'aimez un peu?

— Je vous remercie, dit Lucan avec une gravité émue; je vous remercie, et je vous aime bien.

Comme elle l'attirait doucement, il l'enlaça d'une franche et affectueuse étreinte, et posa les lèvres sur son front, qu'elle lui tendait; mais, au même instant, il sentit la taille souple de la jeune femme se roidir; sa tête se renversa, puis elle s'affaissa tout entière, et glissa dans ses bras comme une tige fauchée.

Il y avait un banc à deux pas, il l'y porta; mais, après l'y avoir déposée, au lieu de lui donner du secours, il demeura dans une attitude d'étrange immobilité devant cette forme charmante et inerte. Il y eut un long silence que troublait seul le bruit doux et triste du ruisseau. Se réveillant enfin de sa stupeur, M. de Lucan appela plusieurs fois d'une voix haute et presque dure :

— Julia! Julia!

Comme elle restait sans mouvement, il descendit dans le ravin à la hâte et y puisa de l'eau dans sa main; il lui en baigna les tempes. Après un moment, il vit dans l'ombre ses grands yeux s'ouvrir, et il l'aida à soulever sa tête.

— Qu'est-ce que c'est? dit-elle en le regardant d'un air égaré; qu'est-ce qui est arrivé, monsieur?

— Mais vous vous êtes trouvée mal, dit Lucan en riant.

— Trouvée mal? répéta Julia.

— Sans doute ; c'est ce que je craignais... Le froid vous aura saisie. Pouvez-vous marcher? voyons, essayez.

— Très-bien, dit-elle en lui prenant le bras.

Comme tous ceux qui éprouvent des défaillances subites, Julia ne se rappelait que d'une manière très-indistincte la circonstance qui avait provoqué son évanouissement.

Ils avaient repris à pas lents le chemin du château.

— Trouvée mal! reprit-elle gaiement; Dieu! que c'est ridicule!

Puis, avec une vivacité subite :

— Mais qu'est-ce que j'ai dit? Est-ce que j'ai parlé?

— Vous avez dit : « J'ai froid ! » et puis vous êtes partie.

— Comme cela ?

— Comme cela.

— Est-ce que vous avez cru que j'étais morte ?

— Je l'ai espéré un instant, dit froidement Lucan.

— Quelle horreur !... Mais nous causions avant cela ? Qu'est-ce que nous disions ?

— Nous faisions un pacte de bonne amitié.

— Eh bien, il n'y paraît guère,... monsieur de Lucan !

— Madame ?

— Vous avez l'air de m'en vouloir de ce que je me suis trouvée mal ?

— Sans doute... D'abord, je n'aime pas

les histoires,... et puis c'est entièrement votre faute;... vous êtes si imprudente, si déraisonnable!

— Oh! mon Dieu!... voulez-vous un bâton?

Et, comme on apercevait les lumières du château :

— A propos, n'inquiétez pas ma mère de ce détail, n'est-ce pas?

— Je n'aurai garde; soyez tranquille.

— Vous êtes parfaitement maussade, vous savez?

— C'est vrai; mais j'ai passé là quelques minutes tellement pénibles...

— Je vous plains de toute mon âme, dit sèchement Julia.

Elle se débarrassa de son voile dans le vestibule, et rentra dans le salon.

La baronne de Pers, qui devait partir le lendemain de bonne heure, s'était déjà retirée. Julia joua des sonates à quatre mains avec sa mère. M. de Lucan remplaça le mort au whist du curé, et la soirée s'acheva paisiblement.

VII

Le lendemain matin, Clotilde allait monter en voiture avec sa mère, qu'elle conduisait à la gare ; M. de Lucan, retenu au château par un rendez-vous d'affaires, assistait à leur départ. Il remarqua l'air absorbé de la baronne; elle était silencieuse, contre sa coutume, elle jetait sur lui des regards embarrassés ; elle s'approcha plusieurs fois avec un sourire contraint et d'un air de confidence, puis se borna à lui adresser des paroles banales. Enfin, profitant d'un moment où Clotilde donnait quelques ordres, elle se pencha par la portière, et, serrant avec force la main de Lucan:

— Soyez honnête homme, monsieur! dit-elle.

Il vit en même temps ses yeux se mouiller. La voiture partit aussitôt.

L'affaire dont s'occupait alors M. de Lucan, et dont il s'entretint longuement le matin même avec son avocat et son avoué, arrivés de Caen dans la nuit, était un vieux procès de famille que le maire de Vastville, personnage ambitieux et taquin, avait mis sa gloire à ressusciter. Il s'agissait d'une revendication de biens communaux qui aurait eu pour effet de dépouiller M. de Lucan d'une partie de ses bois, et de déshonorer son domaine patrimonial. Il avait gagné ce procès en première instance ; mais on allait bientôt le juger en appel, et il conservait des craintes sur le résultat définitif. Il n'eut pas de peine à colorer de ce prétexte pendant quelques jours aux yeux des habitants du château une sévérité de physionomie, une brièveté de langage, et des goûts de solitude qui couvraient peut-être des soucis plus graves. Ce prétexte ne tarda pas à lui manquer. Un télégramme lui apprit, dès le commencement de la semaine suivante, que son procès était définitivement gagné, et il dut manifester à cette occasion une allégresse qui était loin de son cœur.

Il reprit dès ce moment le train de la vie commune auquel Julia continuait d'imprimer tout le mouvement de son active imagination. Toutefois, il ne se prêta plus avec la même familiarité affectueuse aux caprices de sa belle-fille. Elle s'en aperçut; mais elle ne s'en aperçut pas seule. Lucan surprit dans les regards de M. de Moras de l'étonnement, dans ceux de Clotilde, des reproches. Un danger nouveau lui apparut. Il se donnait des torts qu'il était également impossible, également redoutable d'expliquer ou de laisser interpréter.

Avec le temps d'ailleurs, la lueur effroyable qui lui avait traversé le cerveau dans une circonstance récente, s'affaiblissait; elle ne jetait plus dans son esprit la même force de conviction. Il concevait des doutes; il s'accusait par instants d'une véritable aberration; il accusait la baronne de préventions cruelles et coupables, il se disait enfin qu'en tout cas le parti le plus sage était de ne pas croire au drame, et de ne pas le vivifier en y prenant sérieusement un rôle. — Malheureusement, le caractère de Julia, plein de surprises et d'imprévu, ne permettait guère de suivre avec elle un plan de conduite régulier.

Par une belle après-midi, les hôtes du château, accompagnés de quelques voisins, avaient fait une excursion à cheval jusqu'à l'extrémité du cap La Hague. Au retour et vers le milieu de la route, Julia, qui avait été remarquablement silencieuse tout le jour, se détacha du groupe principal, et, jetant de côté à M. de Lucan un regard expressif, poussa son cheval un peu en avant. Il la rejoignit presque aussitôt. Elle lui lança de nouveau un coup d'œil oblique, et brusquement, de son accent le plus amer et le plus haut :

— Est-ce que ma présence vous est dangereuse, monsieur ?

— Comment, dangereuse ? dit-il en riant. Je ne vous comprends pas, ma chère dame.

— Pourquoi me fuyez-vous? Que vous ai-je fait? Que signifient ces allures nouvelles et désagréables que vous affectez avec moi? C'est une chose vraiment étrange, que vous soyez d'autant moins poli que je le suis davantage. On me persécute pendant des années pour que je vous fasse des mines gracieuses, et, quand je m'épuise à vous en faire, vous boudez ! Qu'est-ce que cela veut dire? Qu'est-ce qui vous passe par la tête?... Infiniment curieuse de le savoir.

—C'est bien simple, et je vais vous l'apprendre en deux mots. Il me passe par la tête qu'après avoir été peu aimable avec moi, vous l'êtes maintenant presque trop... J'en suis sincèrement touché et charmé; mais je crains véritablement quelquefois de trop détourner à mon profit des attentions auxquelles je n'ai pas seul droit. Vous savez combien j'aime votre mari... Il ne peut être question ici de jalousie, bien entendu; mais l'affection d'un homme est fière et ombrageuse. Sans descendre à des sentiments bas et d'ailleurs impossibles, Pierre, se voyant un peu négligé, pourrait se froisser, s'attrister, et nous en serions tous deux désespérés, n'est-ce pas?

— Je ne sais rien faire à demi, dit-elle avec un geste d'impatience. On ne change pas son naturel. C'est avec mon cœur à moi, et non avec celui d'un autre, que j'aime et que je hais... Et puis... pourquoi n'entrerait-il pas dans mes idées de donner de la jalousie à Pierre ?... Ma vieille haine légendaire pour vous a peut-être fait ce savant calcul... Il vous tuerait, ou moi, et ce serait un dénoûment comme un autre.

— Vous me permettrez bien d'en préférer un autre, dit Lucan, essayant toujours, mais sans grand succès, de donner un tour enjoué à ce farouche entretien.

— Au reste, continua-t-elle, rassurez-vous, mon cher monsieur. Pierre n'est pas jaloux... Il ne se doute de rien, comme on dit dans les vaudevilles !

Elle eut un de ses rires mauvais et reprit aussitôt d'un ton sérieux :

— Et de quoi se douterait-il? Si je suis aimable pour vous, c'est par ordre,... et personne ne peut savoir jusqu'à quel point j'y mets du mien.

— Je suis persuadé que vous ne le savez pas vous-même, dit-il en riant. Vous êtes une personne naturellement agitée ; il vous faut de l'orage, et, quand il n'y en a pas, vous l'imitez... Que vous aimiez ou que vous n'aimiez pas votre beau-père, cela n'a rien au fond de très-dramatique... Il n'y a lieu ici qu'à des sentiments très-simples et très-ordinaires... Il faut bien les compliquer un peu,... n'est-ce pas, ma chère?

— Oui, — mon cher! — dit-elle en accentuant ironiquement le dernier mot.

Puis elle lança son cheval au galop.

On touchait alors à la lisière des bois. Il la vit bientôt quitter la route directe qui les traversait et prendre un sentier à travers la bruyère comme pour se jeter en pleine futaie. Au même instant, Clotilde accourut près de lui, et, lui touchant l'épaule du bout de sa cravache :

— Où va donc Julia? dit-elle vivement.

Lucan répondit par un geste vague et par un sourire.

— Je suis sûre, reprit Clotilde, qu'elle va boire à cette fontaine là-bas... Elle se plaignait tout à l'heure d'avoir soif... Suivez-la, mon ami, je vous en prie, et empêchez-la... Elle a si chaud !... Cela peut être mortel... Courez, je vous en supplie !

M. de Lucan rendit la main à son cheval, qui partit comme le vent. Julia avait déjà disparu sous le couvert du bois. Il suivit sa trace ; mais sous la futaie les racines et la pente du terrain ralentirent un peu sa marche. A quelque distance, dans une clairière étroite, le travail des siècles et les filtrations du sol avaient creusé une de ces fontaines mystérieuses dont l'eau limpide, les parois revêtues de mousse et l'air de profonde solitude enchantent l'imagination, et en ont fait jaillir tant de poétiques légendes. Quand M. de Lucan put apercevoir de nouveau Julia à travers les arbres, elle avait mis pied à terre. Son cheval, admirablement dressé, demeurait immobile à deux pas, broutant le feuillage, pendant que sa maîtresse, à genoux et penchée sur le bord de la fontaine, buvait dans ses mains.

— Julia, je vous en prie! dit M. de Lucan en élevant la voix.

Elle s'était relevée par une sorte de bondissement léger : elle le salua gaiement.

— Trop tard, monsieur! dit-elle; mais je n'ai bu que quelques gouttes, quelques petites gouttes seulement, je vous jure!

— Vous êtes vraiment folle! dit Lucan, qui était alors tout près d'elle.

— Le pensez-vous ?

Elle agitait ses mains blanches et superbes, qui lui avaient servi de coupe et qui semblaient secouer des diamants.

— Donnez-moi votre mouchoir!

Lucan lui donna son mouchoir. Elle s'essuya les mains gravement; puis, en lui rendant le mouchoir de la main droite, elle se dressa un peu sur ses pieds et lui présenta sa main gauche à la hauteur du visage :

— La! ne boudez plus!

Lucan baisa la main.

— L'autre maintenant, reprit-elle... Ne pâlissez donc pas, mon ami!

M. de Lucan affecta de n'avoir pas entendu ces dernières paroles, et descendit brusquement de cheval.

— Il faut que je vous aide à remonter, dit-il d'une voix sèche et dure.

Elle mettait ses gants le front baissé. Tout à coup, relevant la tête, et, le regardant d'un œil fixe :

— Quelle misérable je fais, n'est-ce pas? dit-elle.

— Non, dit Lucan, mais quelle malheureuse !

Elle s'appuya contre un des arbres qui ombrageaient la source, la tête à demi renversée et une main sur ses yeux.

— Venez ! dit Lucan.

Elle obéit, et il l'aida à se remettre à cheval. Ils sortirent du bois sans se parler, regagnèrent la route et eurent bientôt rejoint la cavalcade.

A peine échappé aux angoisses de cette scène, M. de Lucan n'hésita point à penser que l'éloignement de Julia et de son mari en devait être la conséquence nécessaire et immédiate ; mais, quand il vint à chercher les moyens de provoquer leur brusque départ, son esprit se perdit dans des difficultés insolubles. Par quel motif, en effet, justifier aux yeux de Clotilde et de M. de Moras une détermination si nouvelle, si imprévue? On était arrivé au milieu du mois d'août, et il était convenu dès longtemps que toute la famille retournerait à Paris le 1ᵉʳ septembre. La proximité même du terme fixé pour le départ général donnerait plus d'invraisemblance au prétexte invoqué pour expliquer cette séparation soudaine. Il était presque impossible qu'elle n'éveillât pas dans l'esprit de Clotilde et dans celui du comte des soupçons irréparables, des lumières mortelles pour le bonheur de l'un et de l'autre. Le remède était véritablement plus menaçant que le mal lui-même; car, si le mal était grand, il était du moins inconnu de ceux dont il aurait brisé le cœur et la vie, et on pouvait encore espérer qu'il continuerait de l'être à jamais. M. de Lucan songea un moment à s'éloigner lui-même; mais il était encore plus impossible de motiver son départ que celui de Julia.

Toutes ces réflexions faites, il résolut de s'armer de patience et de courage. Une fois à Paris, les habitations séparées, les relations plus rares, les obligations mondaines, l'activité de la vie, ne tarderaient pas à détendre, puis à dénouer paisiblement la situation douloureuse et formidable sur laquelle il lui était désormais interdit de s'abuser. Il compta sur lui-même et aussi sur la générosité naturelle de Julia pour gagner sans éclat et sans brisement le terme prochain qui devait mettre fin à l'existence commune et à ses incessants périls. Il ne devait pas être impossible de conjurer encore pendant une courte période de quinze jours l'explosion d'un orage qui grondait depuis plusieurs mois sans laisser voir ses foudres. — Il oubliait avec quelle effrayante rapidité les maladies de l'âme comme celles du corps, après avoir atteint lentement et graduellement certaines crises fatales, précipitent soudain leurs progrès et leurs ravages.

M. de Lucan se demanda s'il devait informer Julia de la conduite qu'il avait arrêtée et des raisons qui la lui dictaient; mais toute ombre d'explication entre eux lui parut souverainement malséante et dangereuse. Leur intelligence confidentielle sur un tel sujet eût pris un air de complicité que repoussaient tous ses sentiments d'honneur. Malgré les clartés terribles qui s'étaient faites, il restait cependant entre eux quelque chose d'obscur, d'indécis, d'inavoué, qu'il crut devoir conserver à tout prix. Aussi, loin de chercher les occasions de quelque entretien intime, il les évita dès ce moment avec un scrupule absolu. Julia semblait pénétrée de la même réserve et préoccupée au même degré que lui de fuir le tête-à-tête, tout en sauvegardant les apparences ; mais, à cet égard, la jeune femme ne disposait pas de la puissance de dissimulation que Lucan devait à sa fermeté naturelle et acquise. Il pouvait, quant à lui, sans effort visible, cacher sous sa contenance habituelle de gravité les anxiétés qui le dévoraient. Julia n'arrivait pas sans une contrainte presque convulsive à porter d'un front haut et riant le fardeau de sa pensée. Pour le seul témoin qui eût le secret de ses combats, c'était un spectacle poignant que celui de cette gracieuse et fiévreuse animation dont la malheureuse enfant soutenait péniblement l'artifice. Il la voyait de loin quelquefois, semblable à une comédienne épuisée, s'isoler sur quelque banc retiré du jardin, et haleter, la main sur sa poitrine, comme pour contenir son cœur révolté. Il se sentait alors, malgré tout, devant tant de beauté et de misère, envahi d'une pitié immense.

N'était-ce que de la pitié ?

L'attitude, les paroles, les regards de Clotilde et du mari de Julia étaient en même temps pour M. de Lucan l'objet d'une observation constante et inquiète. Clotilde évidemment ne concevait pas la moindre alarme. La douce sérénité de ses traits demeurait inaltérée. Quelques bizarreries de plus ou de moins dans les allures de Julia n'étaient pas chose assez nouvelle pour appeler son attention particulière. Sa pensée, d'ailleurs, était trop loin des monstrueux abîmes ouverts à ses côtés : elle y eût mis le pied et s'y fût engloutie avant de les avoir soupçonnés.

La physionomie blonde, calme et belle du comte de Moras conservait en tout temps, comme le visage brun de Lucan une sorte de fermeté sculpturale. Il était donc assez difficile d'y lire les impressions d'une âme qui était naturellement forte et très-maîtresse d'elle-même. Sur un point cependant cette âme était devenue faible. M. de Lucan ne l'ignorait pas ; il connaissait l'amour ardent du comte pour Julia et la susceptibilité maladive de sa passion. Il était invraisemblable qu'un tel sentiment, s'il était sérieusement mis en défiance, ne se trahît pas par quelque signe extérieur violent ou du moins saisissable. M. de Lucan ne remarquait en réalité aucun de ces symptômes redoutés. S'il surprenait par moments un pli fugitif du sourcil, une intonation douteuse, un regard dérobé ou distrait, il pouvait croire tout au plus à quelque retour de cette jalousie vague et chimérique dont il savait le comte dès longtemps tourmenté. Il le voyait, du reste, apporter dans la vie de famille la même impassibilité souriante, et il continuait d'en recevoir les mêmes témoignages de cordialité. Obsédé toutefois par ses légitimes scrupules de loyauté et d'amitié, il eut la tentation folle de prendre le comte pour confident de l'épreuve qui leur était imposée ; mais, en allégeant son propre cœur, cette confidence si délicate et si cruelle n'eût-elle pas désespéré le cœur de son ami ? Et, de plus, ce prétendu trait de loyauté, livrant le secret d'une femme, n'eût-il pas été doublé d'une lâcheté et d'une trahison ?

Il fallait donc, à travers tant d'écueils et d'angoisses, soutenir seul jusqu'au bout le poids de cette épreuve, plus compliquée et plus périlleuse encore peut-être que M. de Lucan ne voulait se l'avouer à lui-même.

Elle devait avoir un terme plus prochain qu'il ne pouvait le pressentir.

Clotilde et son mari, accompagnés de

M. et de madame de Moras, allèrent un jour visiter en voiture les débris d'une galerie couverte qui est une des rares antiquités druidiques du pays. Ces ruines se trouvent au fond d'une anse pittoresque creusée dans le flanc de la muraille rocheuse qui borde la côte orientale de la presqu'île. Elles jonchent de leurs masses informes une de ces croupes gazonnées qui s'avancent çà et là au pied des falaises comme de monstrueux contre-forts. On y accède, malgré la roideur de la pente, par une route facile qui descend en serpentant longuement jusque sur le sable jaune de la petite baie. Clotilde et Julia firent un croquis du vieux temple celtique pendant que les hommes fumaient; puis on s'amusa quelque temps à voir la mer montante étaler sur le sable ses franges d'écume. On convint de remonter la côte à pied pour soulager les chevaux. La voiture, sur un signe de Lucan, se mit en marche; Clotilde prit le bras de M. de Moras, et ils commencèrent à gravir lentement la route sinueuse. Lucan attendait, pour les suivre, le bon plaisir de Julia; elle était restée à quelques pas en conversation animée avec un vieux pêcheur qui achevait de tendre ses amorces dans le creux des rochers. Elle éleva un peu la voix en se retournant vers Lucan :

— Il dit qu'il y a un chemin beaucoup plus court et très-facile, là tout près, le long de la falaise... J'ai envie de le prendre pour éviter cette ennuyeuse côte.

— N'en faites rien, croyez-moi, dit Lucan; un chemin très-facile pour les gens du pays peut l'être beaucoup moins pour vous.

Après une nouvelle conférence avec son pêcheur :

— Il dit, reprit Julia, qu'il n'y a vraiment aucun danger, et que les enfants montent et descendent par là tous les jours. Il va me conduire jusqu'au bas du sentier, je n'aurai plus qu'à monter tout droit... Dites à ma mère que je serai là-haut avant vous.

— Votre mère va mourir d'inquiétude.

— Dites-lui qu'il n'y a aucun danger.

Lucan, renonçant à lutter plus longtemps contre une volonté qui devenait impatiente, s'approcha du domestique qui portait les châles et l'album de Julia, il le chargea de rassurer Clotide et M. de Moras, qui avaient déjà disparu dans les angles de la route ; puis, retournant à Julia :

— Quand vous voudrez, dit-il.

— Vous venez avec moi?

— Naturellement.

Le vieux pêcheur les précéda en suivant le pied des falaises. Au sortir de la baie sablonneuse, le rivage était encombré d'écueils aux crêtes aigues, de gigantesques fragments de roche, qui rendirent leur marche très-pénible. Quoique la distance fût courte, ils étaient déjà brisés de fatigue quand ils arrivèrent à la naissance du sentier, qui parut à Lucan et peut-être à Julia elle-même beaucoup moins sûr et commode que le pêcheur ne le prétendait. Ni l'un ni l'autre, d'ailleurs, ne voulut faire d'objections. Après quelques recommandations dernières, leur vieux guide se retira, fort satisfait de la générosité de Lucan. Tous deux commencèrent alors résolûment l'escalade de la falaise, qui, sur ce point de la côte, connue sous le nom de côte de Jobourg, domine l'Océan d'une hauteur de trois cents pieds.

Au début de leur ascension, ils rompirent le silence qu'ils avaient gardé jusqu'à ce moment pour échanger sur un ton de plaisanterie quelques brèves observations sur les agréments de ce sentier de chèvres; mais les difficultés réelles et même alarmantes du chemin ne tardèrent pas d'absorber toute leur attention. La légère trace frayée disparaissait par instant sur la roche nue ou sous quelque éboulement de terrain. Ils avaient peine à en retrouver le fil rompu.

Leurs pieds hésitaient sur les parois polies de la pierre ou sur l'herbe rase et comme savonneuse. Il y avait des moments où ils se sentaient sur une pente presque verticale, et, s'ils voulaient s'arrêter pour reprendre haleine, les grands espaces ouverts sous leurs yeux, l'étendue infinie, l'éblouissement métallique de la mer, leur causaient une impression de vertige et de flottement. Bien que le ciel fût bas et couvert, une chaleur lourde et orageuse pesait sur eux, et accélérait le mouvement de leur sang. Lucan marchait en avant avec une sorte d'ardeur fiévreuse, se retournant de temps à autre pour jeter un regard sur Julia, qui le suivait de près, puis levant la tête pour chercher quelque point de station, quelque plate-forme sur laquelle on pût respirer un instant avec sécurité. Au-dessus de lui comme au-dessous, c'était la falaise à pic et parfois surplombante. Tout à coup Julia l'appela d'un ton d'angoisse :

— Monsieur ! monsieur ! je vous prie,... ma tête tourne !

Il redescendit vivement de quelques pas, au risque de se précipiter, et, lui saisissant la main avec force :

— Allons ! allons ! dit-il en souriant ; qu'est-ce que c'est donc?... une vaillante personne comme vous !

— Il faudrait des ailes ! dit-elle faiblement.

Lucan se remit aussitôt à gravir le sentier, soutenant et traînant à demi Julia presque évanouie.

Il eut enfin la joie de poser le pied sur

une projection de terrain, une sorte d'étroite esplanade, adossée au rocher. Il y attira avec effort Julia toute palpitante. La tête de la jeune femme fléchit et se posa sur la poitrine de Lucan. Il entendait ses artères et son cœur battre avec une effrayante violence. Peu à peu cette agitation se calma. Elle souleva lentement sa tête, entr'ouvrit ses longs cils, et, le regardant d'un œil enivré:

— Je suis si heureuse!... murmura-t-elle; je voudrais mourir là!

Lucan l'écarta de lui brusquement à la longueur de son bras; puis, la ressaisissant tout à coup et l'enlaçant étroitement d'un geste terrible, il jeta un regard trouble sur elle, un autre sur l'abîme. Elle crut certainement qu'ils allaient mourir. Une légère

pâleur passa sur ses lèvres qui sourirent;
sa tête se renversa à demi :

— Avec vous,... dit-elle, quelle joie!

Au même instant, un bruit de voix se fit
entendre à peu de distance au-dessus d'eux.
Lucan reconnut la voix de Clotilde et celle
du comte. Son bras se détendit soudain, et
se détacha de la taille de Julia. Il lui montra sans parler, mais d'un signe impérieux,
le sentier qui tournait autour du rocher.

— Sans vous, alors! dit-elle d'un accent
doux et fier.

Et elle monta.

Deux minutes après, ils étaient sur le
plateau de la falaise, racontant à Clotilde
les périls de leur ascension, qui expliquèrent
suffisamment leur trouble visible. Ils le
crurent du moins.

Dans la soirée de ce même jour, Julia, M. de Moras et Clotilde se promenaient après le dîner sous les charmilles du jardin. M. de Lucan, après leur avoir tenu compagnie quelque temps, venait de se retirer sous prétexte de quelques lettres à écrire. Il ne demeura que peu d'instants dans sa bibliothèque, où les voix des promeneurs frappaient son oreille et agitaient son esprit. Le désir de la solitude absolue, du recueillement, peut-être aussi quelque sentiment bizarre et inavoué, le conduisirent dans cette allée aux Dames, marquée pour lui d'un ineffaçable souvenir. Il y marcha longtemps à pas lents, dans l'ombre profonde que la nuit tombante achevait alors d'y répandre. Il voulait consulter son âme, pour ainsi dire, face à face, sonder en homme sa pensée jusqu'au fond. Ce qu'il y découvrit l'épouvanta. C'était une ivresse folle que la saveur du crime exaltait. Devoir, loyauté, honneur, tout ce qui se dressait devant sa passion pour y faire obstacle en exaspérait la fureur. La Vénus païenne lui mordait le cœur, et y faisait couler ses poisons. L'image de la fatale beauté était là sans trêve, dans son cerveau brûlant, devant ses yeux troublés; il en respirait avidement malgré lui la langueur, les parfums, le souffle.

Le bruit d'un pas léger sur le sable suspendit sa marche. Il entrevit à travers l'obscurité une forme blanche qui venait.

C'était elle.

Par un mouvement à peine réfléchi, il se jeta dans l'angle obscur d'un de ces piliers massifs qui soutenaient les ruines sur le revers du bois. Un fouillis de verdure y redoublait les ténèbres. — Elle passa, le front penché, de sa démarche souple et rhythmée. Elle alla jusqu'au petit étang qui recevait les eaux du ruisseau, rêva quelques minutes sur le bord, et revint. Une seconde fois, elle passa devant la ruine sans lever les yeux, et comme profondément absorbée. — Lucan restait persuadé qu'elle n'avait pas soupçonné sa présence, quand tout à coup elle retourna un peu la tête sans interrompre sa marche, et elle jeta derrière elle ce seul mot : « Adieu ! » d'un ton si doux, si musical, si douloureux, qu'on eût dit une larme tombée sur un cristal sonore.

Cette minute était suprême. C'était une

de ces minutes où la vie d'un homme se décide pour l'éternel bien ou pour le mal éternel. M. de Lucan le sentit. S'il cédait à l'attrait de passion, de vertige, de pitié, qui le poussait avec une violence presque irrésistible sur les traces de cette belle et malheureuse femme, — qui allait le précipiter à ses pieds, sur son cœur, — il comprit qu'il était une âme à jamais perdue et désespérée. Ce crime, dût-il rester ignoré de tous, le séparait à jamais de tout ce qu'il avait eu jusque-là de respecté, de sacré, d'inviolable : il n'y avait plus rien pour lui sur la terre ni dans le ciel : il n'y avait plus ni foi, ni probité, ni honneur, ni ami, ni Dieu ! Le monde moral tout entier s'évanouissait dans ce seul instant.

Il accepta l'adieu, et n'y répondit pas.

La forme blanche s'éloigna et s'effaça bientôt dans les ténèbres.

La soirée de famille se passa comme de coutume. Julia, pâle, soucieuse et hautaine, travailla en silence à sa tapisserie. Lucan remarqua qu'elle embrassait sa mère, en la quittant, avec une effusion extraordinaire.

Il ne tarda point à se retirer lui-même. Assailli des plus redoutables appréhensions, il ne se coucha pas. Vers le matin seulement, il se jeta sur son lit. Il était environ cinq heures, et l'aube naissait à peine quand il crut entendre marcher avec précaution sur le tapis du corridor et de l'escalier. Il se releva. Les fenêtres de sa chambre s'ouvraient sur la cour. Il vit Julia la traverser, habillée comme pour monter à cheval. Elle entra dans les écuries, et en sortit quelques instants après. Un domestique lui amena son cheval et l'aida à y monter. Cet homme, habitué aux allures un peu excentriques de la jeune femme, ne vit apparemment rien d'alarmant dans ce caprice de promenade matinale.

M. de Lucan, après quelques minutes de réflexions agitées, prit sa résolution. Il se dirigea vers la chambre du comte de Moras. A sa vive surprise, il le trouva levé et habillé. Le comte, en voyant entrer Lucan, parut frappé d'étonnement. Il attacha sur lui un regard pénétrant et visiblement troublé.

— Qu'y a-t-il donc? dit-il enfin d'une voix basse et émue.

— Rien de sérieux, j'espère, répondit Lucan. Cependant, je suis inquiet... Julia vient de sortir à cheval... Vous l'avez sans doute vue et entendue comme moi, puisque vous êtes debout?

— Oui, dit Moras, qui avait continué de regarder Lucan avec un air d'indicible stupeur; oui, répéta-t-il se remettant avec peine, et je suis vraiment aise, très-aise de vous voir, mon ami.

En prononçant ces simples paroles, la voix de Moras s'embarrassa; un voile humide passa sur ses yeux.

— Où peut-elle aller à cette heure? reprit-il avec sa fermeté d'accent accoutumée.

— Je ne sais;... quelque fantaisie nouvelle, je pense; mais enfin elle m'a paru plus étrange depuis quelque temps, plus sombre, et je suis inquiet. Essayons de la suivre, si vous voulez.

— Allons, mon ami, dit le comte d'un ton froid après une pause d'hésitation bizarre.

Ils sortirent tous deux du château, emportant leurs fusils de chasse pour laisser croire qu'ils allaient, suivant une habitude assez fréquente, tirer des oiseaux de mer. Au moment de prendre une direction, M. de Moras consulta Lucan du regard.

— Je ne vois de danger, dit Lucan, que du côté des falaises ;... quelques paroles qui lui ont échappé hier me font craindre que le péril ne soit là ; mais avec son cheval elle est forcée de faire un long détour...

En traversant les bois, nous y serons avant elle.

Ils s'engagèrent sous la futaie, à l'ouest du château, et y marchèrent en silence d'un pas rapide. Ce chemin les conduisait directement sur le plateau des falaises qu'ils avaient visitées la veille. Les bois poussaient de ce côté une pointe irrégulière dont les derniers arbres touchaient presque au bord même de la falaise. Comme ils approchaient, en accélérant le pas fébrilement, de cette lisière extrême, Lucan s'arrêta tout à coup :

— Écoutez ! dit-il.

Le bruit du galop d'un cheval sur un sol dur se faisait entendre distinctement. Ils coururent.

Un talus d'une faible élévation séparait

le bois du plateau. Ils le franchirent à demi en s'aidant des branches pendantes; masqués eux-mêmes par les broussailles et le feuillage, ils eurent alors sous les yeux un spectacle saisissant : à peu de distance, sur leur gauche, Julia arrivait d'une course folle; elle longeait la ligne oblique des bois, paraissant se diriger en droite ligne vers le bord de la falaise. Ils crurent d'abord le cheval emporté; mais ils virent qu'elle lui cravachait les flancs pour hâter encore son allure.

Elle était alors à une centaine de pas des deux hommes, et elle allait passer devant eux. Lucan s'élançait pour se précipiter de l'autre côté du talus, quand la main de M. de Moras, s'abattit violemment sur son bras et le maintint... Ils se regardèrent...

Lucan fut stupéfait de la profonde altération qui avait subitement contracté le visage du comte et creusé ses yeux ; il lut en même temps dans son regard fixe une douleur immense, mais une résolution inexorable. — Il comprit qu'il n'y avait plus de secret entre eux. — Il obéit à ce regard, qui n'avait d'ailleurs pour lui, il le sentit, qu'une expression de confiance et de supplication amicale. Il saisit de sa main crispée la main de son ami, et resta immobile. Le cheval passa à quelques pas comme un trait, le poitrail blanc d'écume, tandis que Julia, belle, gracieuse et charmante encore à ce moment terrible, bondissait légèrement sur la selle.

A quelques pieds de la coupure de la falaise, le cheval, sentant l'abîme, se déroba brusquement et marqua un demi-cercle. Elle le ramena sur le plateau, reprit du champ, et, le poussant de la cravache et de la voix, elle le lança de nouveau vers l'effrayant précipice. L'animal refusant encore ce formidable obstacle, la jeune femme, les cheveux dénoués, l'œil étincelant, la narine ouverte, le retourna et le fit reculer peu à peu sur l'arête de la falaise. Le cheval, fumant, cabré, se levait presque droit et se dessinait de toute sa hauteur sur le ciel gris du matin.

Lucan sentit les ongles de M. de Moras entrer dans sa chair.

Enfin, le cheval fut vaincu : ses deux pieds de derrière quittèrent le sol et rencontrèrent l'espace. Il se renversa, ses jambes de devant battirent l'air convulsivement.

L'instant d'après, la falaise était vide. Aucun bruit ne s'était fait. Dans ce profond abîme, la chute et la mort avaient été silencieuses.

CIRCÉ

SCÈNE PARISIENNE

PERSONNAGES

LE PRINCE . . . . 30 ans.
LA COMTESSE, veuve . . . 26 ans.

— *Le boudoir de la Comtesse* —

CIRCÉ

LA COMTESSE.

Bonjour, prince.

LE PRINCE.

Comment! pas sortie?... Ah! je joue de bonheur, par exemple!

LA COMTESSE.

Mais vous m'avez écrit que vous viendriez.

LE PRINCE.

Vous l'ai-je écrit? vrai?... Ah! c'est bizarre!... ah! ah! c'est plaisant!... Madame votre mère va bien?...

LA COMTESSE.

Très-bien!... un peu fatiguée seulement... Elle vient de monter chez elle... Asseyez-vous donc.

LE PRINCE, s'asseyant.

Savez-vous ce qui m'amène?

LA COMTESSE.

Quoi?

LE PRINCE.

Je viens vous demander conseil... Imaginez-vous que je dînais hier à l'ambassade;... on parlait de petites comédies de salon, de proverbes, de ces petites choses, vous savez, qu'on joue entre deux paravents, et de la difficulté qu'on éprouve à en trouver qui ne soient pas trop rebattues, qu'on n'ait pas vues partout, et qui soient convenables.

LA COMTESSE.

Oui... Eh bien ?

LE PRINCE.

Eh bien !... j'étais un peu gai... je me fis fort de composer dans la semaine une de ces bluettes... Une gageure, assez sérieuse, ma foi ! s'engagea là-dessus... Bref, depuis hier, j'y rêve, sans me fatiguer d'ailleurs.

LA COMTESSE.

Et vous avez trouvé ?

LE PRINCE.

Rien. Je n'ai encore rien trouvé. Mais cela va venir. J'ai eu la pensée d'en causer avec vous. Nous allons faire cela à nous deux, si vous voulez bien. C'est très-facile, vous savez.

LA COMTESSE.

Mais je ne sais pas, moi, si c'est très-facile.

LE PRINCE.

Positivement. Rien de plus simple. Voyons, voulez-vous essayer ?

LA COMTESSE.

Mon Dieu, je veux bien... Mais vous allez tenir la plume !

LE PRINCE.

Bien entendu.

LA COMTESSE.

Tenez, voilà du papier et de l'encre,... de l'encre bleue, est-ce bon ?

LE PRINCE.

De l'encre bleue ne peut pas nuire. (Il s'installe devant un guéridon.) La ! asseyez-vous là en face de moi, comme une Muse, et commençons sans plus de cérémonie, voulez-vous ?

LA COMTESSE.

Très-volontiers... Mais c'est que c'est assez embarrassant, il me semble.

LE PRINCE.

Du tout. C'est très-facile. Toujours la même chose... Deux personnages qui causent de la pluie et du beau temps... plus ou moins spirituellement, comme cela vient... Eh bien, y êtes-vous?

LA COMTESSE.

Oui, oui... Allez.

LE PRINCE.

Écrivons d'abord les personnages... « Le Comte, la Comtesse,... » n'est-ce pas?

LA COMTESSE.

Oui certainement... Mais est-ce un proverbe ?

LE PRINCE.

Oui, c'est un proverbe.

LA COMTESSE.

Mais quel proverbe ? il faudrait le trouver d'abord.

LE PRINCE.

Oh ! mon Dieu, pourquoi ? C'est inutile... Il se trouvera de lui-même dans le courant... il sortira naturellement de la conversation... ce sera le trait final.

LA COMTESSE.

Soit. Allez.

LE PRINCE.

« Le Comte, la Comtesse. Scène première... » Eh bien ?

LA COMTESSE.

Hé !...

LE PRINCE.

Qu'est-ce qu'ils disent ?

LA COMTESSE.

Mais quel est le sujet ?

LE PRINCE.

Il n'y a pas de sujet !... c'est une bluette, vous dis-je !... un rien... une improvisation sans substance... une aimable causerie... pas autre chose... Je ne vous propose pas de faire *le Misanthrope*, vous pensez bien !

LA COMTESSE.

Encore faut-il savoir de quoi ils vont parler.

LE PRINCE.

Mais de rien... de niaiseries... Vous savez comment se font ces choses-là !

LA COMTESSE.

Mais non, mon prince. je n'en sais rien... et vous non plus, à ce qu'il paraît.

LE PRINCE.

Voyons, chère madame, ne nous fâchons pas. Nous disons : « Le Comte et la Comtesse, » n'est-ce pas ? Ils sont à la campagne... et le Comte s'ennuie, je suppose...

LA COMTESSE.

Oui, c'est assez neuf.

LE PRINCE.

Je ne dis pas que ce soit neuf; mais enfin c'est un sujet, puisque vous en voulez un. Donc, le Comte s'ennuie, et la Comtesse... la Comtesse...

LA COMTESSE.

Si elle s'ennuyait aussi?

LE PRINCE.

C'est une idée, et cela devient même assez original avec cette complication. Ils s'ennuient tous deux... Eh bien, vous

voyez, chère madame, nous avançons...
Passons au dialogue... Ça, c'est le plus
facile... Une fois dans le dialogue, cela va
tout seul. — « Le Comte... » — Le Comte...
Il entre, n'est-ce pas ?

LA COMTESSE.

Parfait !

LE PRINCE.

Et, en entrant, il dit...

LA COMTESSE.

Il dit ?

LE PRINCE.

Quoi ?

LA COMTESSE.

Je vous le demande.

LE PRINCE.

Dame... il peut dire, par exemple : « Toujours solitaire, chère Comtesse ? »

LA COMTESSE.

Je n'y vois pas d'inconvénient.

LE PRINCE.

C'est assez le mot d'un homme ennuyé... « Toujours solitaire, chère Comtesse ? »

LA COMTESSE.

C'est un mot charmant. — A quoi la Comtesse toujours solitaire répond ?

LE PRINCE.

Attendez... oui... peut-être... c'est-à-dire non... ça ne se peut pas.

LA COMTESSE.

Au lieu d'entrer dans la diplomatie, vous auriez dû faire de la littérature... avec votre facilité.

LE PRINCE, se levant.

Il est certain que je suis trop bête... Et puis je pense à autre chose... Tenez, je m'en vais.

LA COMTESSE.

Non !

LE PRINCE.

Je vous assure qu'autrefois j'avais une sorte d'esprit... Informez-vous à l'ambassade... on s'y connaît... Mais je suis tout changé... Bonsoir, je m'en vais.

LA COMTESSE.

Non!

LE PRINCE.

Je ne m'en vais pas?

LA COMTESSE.

Non, je vous dis!

LE PRINCE.

Soit. (Il se rassoit.)

LA COMTESSE.

Reprenons. Où en étions-nous?... « Le Comte, la Comtesse... »

LE PRINCE.

La vérité est que vous devez me prendre pour un fier imbécile.

LA COMTESSE.

Est-ce le Comte qui dit cela?

LE PRINCE.

Non, c'est moi.

LA COMTESSE.

Pas du tout... Je vous trouve un peu singulier seulement.

LE PRINCE.

Singulier, vous êtes bien bonne... Mais non, vraiment; je vous en prie, informez-vous à l'ambassade,... on vous dira que je ne manque pas d'intelligence, et que j'avais même autrefois une certaine verve...

LA COMTESSE.

Mais, mon prince, je n'ai pas besoin de m'informer à l'ambassade,... je n'ai qu'à me souvenir. Je vous ai connu extrêmement brillant il y a quelques mois, quand vous me faisiez la cour.

LE PRINCE.

Brillant, non ; mais enfin j'étais comme un autre.

LA COMTESSE.

Si, si, parfaitement... Vous étiez un jeune homme brillant, étincelant, effrayant!...
(Elle se frotte doucement les mains.)

LE PRINCE.

Vous vous moquez de moi... Je n'étais

pas étincelant, mais j'avais de la vivacité...
et il n'y a que deux ans de cela ! — Il est
vrai que j'arrivais à Paris... et que je n'avais pas encore subi l'influence du climat...

LA COMTESSE.

Vous croyez que c'est le climat ?

LE PRINCE.

Que voulez-vous ! il faut bien qu'il y ait
quelque chose... Ce n'est pas l'âge... je
n'ai pas trente ans... Au surplus, je crois
que je vais quitter la France, et même la
diplomatie... Ma mère me rappelle à
Vienne... j'ai reçu une lettre d'elle ce
matin... je voulais même vous la montrer... (Il fouille dans la poche de son habit, et en
tire une lettre qui est à demi entortillée dans une dentelle noire.)

LA COMTESSE.

Qu'est-ce que c'est que cette dentelle qui sort de votre poche?

LE PRINCE, troublé.

Une dentelle?... Où voyez-vous une dentelle?

LA COMTESSE.

Ceci. — Mais dites-moi, mon prince, c'est une voilette à moi, ceci?

LE PRINCE, confus.

Une voilette à vous... ceci?... vous êtes sûre?

LA COMTESSE.

Certainement!... et même je la reprends, si vous permettez... C'est une dentelle d'un grand prix, sans que vous vous en doutiez.

LE PRINCE.

Je vous supplie de croire, en effet, madame, que je n'y attachais pas une valeur vénale. Mais comment ai-je cette voilette sur moi ?

LA COMTESSE.

C'est très-facile à expliquer. Je l'aurai laissée à l'ambassade, dans une visite. On vous aura chargé de me la remettre, et, avec votre distraction habituelle, vous aurez oublié la commission.

LE PRINCE.

C'est évident. Je vous demande dix mille fois pardon. C'est évident ! Vous voyez, je n'y suis plus du tout. Toutes mes facultés,... ma mémoire même... sont affaiblies. Il est grandement temps que j'aille me retremper dans l'air natal. Vous voyez ce que me dit ma mère ?

LA COMTESSE, parcourant la lettre

Elle a l'air d'une brave femme, votre mère.

LE PRINCE.

Oui. Nous nous aimons beaucoup tous deux. Elle me recommande de ne pas avoir trop de succès, pauvre mère ! Elle me croit toujours irrésistible.

LA COMTESSE.

Vous l'avez donc été, mon prince ?

LE PRINCE.

Ma foi, un peu, jusqu'au jour où j'ai eu l'honneur de vous rencontrer... Eh bien, que me conseillez-vous ?

LA COMTESSE.

De partir, puisque votre mère veut vous revoir.

LE PRINCE.

C'est aussi mon avis, et, à vous dire vrai, j'étais venu ce soir spécialement pour vous faire mes adieux.

LA COMTESSE.

Comment ! pour me faire vos adieux ?... Et ce proverbe ? Quelle était donc cette plaisanterie ?

LE PRINCE.

Ce proverbe? Tenez, madame, je veux au moins que la dernière impression que vous garderez de moi soit gaie. Vous allez rire. Voici l'histoire de ce proverbe. Vous vous rappelez suffisamment ce qui fut convenu entre nous il y a deux ans, après que je vous eus vainement offert mon cœur et mon nom. Il fut convenu que, si je voulais continuer à vous voir en ami, je devais m'abstenir sévèrement de toute allusion à un amour définitivement repoussé. Je vous engageai ma parole à ce sujet, et je crois l'avoir tenue avec scrupule.

LA COMTESSE.

C'est exact.

LE PRINCE.

Eh bien, je vais y manquer. Excusez-moi, je vous jure que je pars. Ma discrétion et ma réserve vous ont naturellement fait croire que j'étais guéri de mon amour.

LA COMTESSE.

Naturellement.

LE PRINCE.

Oui. Eh bien, c'est une erreur. Je vous aime toujours, Je vous aime comme un fou, comme un enfant, comme un ange, comme un sauvage, comme vous voudrez. Décidé à partir, j'ai voulu auparavant tenter un effort suprême, désespéré. L'idée de ce proverbe m'est venue. Sous l'ombre de ce proverbe, je m'étais promis de vous exprimer mes sentiments avec tant de feu, d'émotion, d'éloquence et d'esprit, que vous en seriez infailliblement attendrie, éblouie et subjuguée. Vous avez vu comment j'ai réussi ! — N'est-ce pas comique ? — Maintenant, madame, adieu.

LA COMTESSE.

Adieu, prince.

LE PRINCE.

Un seul mot encore. Faites-moi la grâce de me dire pourquoi vous avez refusé de m'épouser. Ma proposition était en somme fort honnête et fort acceptable. Pourquoi l'avez-vous repoussée avec tant de décision ? Était-ce par caprice, par antipathie, ou aviez-vous une raison sérieuse ?

LA COMTESSE.

J'avais une raison sérieuse.

LE PRINCE.

Vous aimiez quelqu'un ?

LA COMTESSE.

Personne.

LE PRINCE.

Ainsi votre cœur était libre comme votre main. Vous n'aviez pas été, vous me l'avez dit vous-même, particulièrement heureuse avec votre mari,... quoiqu'il fût charmant, à ce qu'on assure.

LA COMTESSE, grave.

Il était charmant, tout à fait charmant,

étincelant et irrésistible — comme vous...
autrefois.

LE PRINCE.

Enfin, vous n'aviez pas été heureuse ; par conséquent, vous n'aviez pas à vous piquer de fidélité envers le passé. Moi, j'avais un beau nom, une fortune, une situation. Dans ce temps-là, je n'étais pas malade et abattu comme maintenant. J'étais passable de ma personne.

LA COMTESSE.

Très-joli, même.

LE PRINCE.

Je passais pour un causeur assez gai. Je vous faisais la cour, si je m'en souviens, avec... intelligence.

LA COMTESSE.

Avec beaucoup, beaucoup d'esprit.

LE PRINCE.

Et vous m'avez refusé !... Voyons, pourquoi ?

LA COMTESSE.

Vous ne devinez pas ?

LE PRINCE.

Pas du tout.

LA COMTESSE. (Elle lui prend la main et le regarde tendrement dans les yeux.)

C'est que j'aime les bêtes, mon ami !

FIN.

TABLE

	Pages
JULIA DE TRÉCŒUR...............	1
CIRCÉ......................	207

Paris. — J. CLAYE, imprimeur, 7, rue Saint-Benoît. — [531]

CATALOGUE
DE
MICHEL LÉVY
FRÈRES
ÉDITEURS
ET DE
LA LIBRAIRIE NOUVELLE

PREMIÈRE PARTIE [1]

Nouveaux ouvrages en vente — Ouvrages divers, format in-8°
Bibliothèque contemporaine, format gr. in-18 — Bibliothèque nouvelle
Œuvres complètes de Balzac — Collection Michel Lévy, form. gr. in-18
Collection format in-32 — Collection à 50 centimes
Musée littéraire contemporain, in-4° — Brochures diverses
Ouvrages divers illustrés

Tous les ouvrages portés sur ce Catalogue sont expédiés *franco* (contre mandats ou timbres-poste), sans augmentation de prix, excepté les volumes à 1 fr. 25 c. de la Collection Michel Lévy, auxquels il faut ajouter 25 cent. par volume.

RUE AUBER, 3, PLACE DE L'OPÉRA
ET BOULEVARD DES ITALIENS, 15
AU COIN DE LA RUE DE GRAMMONT
PARIS
—
AVRIL — 1872

[1] Les 2e et 3e parties de ce Catalogue seront envoyées *franco* à toute personne qui en fera la demande par lettre affranchie.

NOUVEAUX OUVRAGES EN VENTE

Format in-8°

H. DE BALZAC   f. c.
ŒUVRES INÉDITES DIVERSES (formant les tomes 20-24 des œuvres complètes) 2 vol .... 12 »

ERNEST RENAN
LA RÉFORME INTELLECTUELLE ET MORALE, 3e *édition*. 1 vol 7 50

E. BEULÉ *de l'Institut*
LE DRAME DU VÉSUVE. 1 vol .... 6 »

ERNEST HAVET
LE CHRISTIANISME et ses origines. 2 v. 15 »

DAVID-FRÉDÉRIC STRAUSS
Auteur de la Vie de Jésus
ESSAIS D'HISTOIRE RELIGIEUSE ET MÉLANGES LITTÉRAIRES. Traduction de Ritter avec introduction d'E. Renan. 1 vol 7 50

H. RODRIGUES
SAINT PIERRE. 1 vol .... 5 »

FR. DE BOURGOING
HISTOIRE DIPLOMATIQUE DE L'EUROPE PENDANT LA RÉV. FRANÇAISE. 3 vol .. 22 50

CHARLES DE FREYCINET
LA GUERRE EN PROVINCE PENDANT LE SIÉGE DE PARIS, 1870-1871, avec des cartes du théâtre de la guerre, 7e *édition*. — 1 vol 7 50

LE DUC D'ORLÉANS
CAMPAGNES DE L'ARMÉE D'AFRIQUE —1835-1839,—publié par ses fils. Avant-propos de M. le comte de Paris, introduction de M. le duc de Chartres, avec un portrait du duc d'Orléans par Horace Vernet et une carte de l'Algérie. 2e *édition* 1 beau vol. vélin 7 50

LE DUC D'AUMALE
de l'Académie française
HISTOIRE DES PRINCES DE CONDÉ PENDANT LES XVIe ET XVIIe SIÈCLES, avec cartes et portraits, gravés sous la direction d'Henriquel-Dupont. 2 v. 15 »

M. GUIZOT
MÉLANGES POLITIQUES ET HISTORIQUES. 1 vol 7 50

L. DE VIEL-CASTEL
HISTOIRE DE LA RESTAURATION. tome XIV. 1 vol .... 6 »

DUVERGIER DE HAURANNE
de l'Académie française
HISTOIRE DU GOUVERNEMENT PARLEMENTAIRE EN FRANCE (1814-1848). Tome X. 1 vol 7 50

Format gr. in-18
À 3 FR. 50 C. LE VOLUME

JULES NORIAC   vol.
DICTIONNAIRE DES AMOUREUX. 3e *édit.* 1

A. TROGNON
VIE DE MARIE-AMÉLIE, reine des Français. 4e *édition* 1

A. DE PONTMARTIN
LE RADEAU DE LA MÉDUSE. 2e *édition* ... 1

AMÉDÉE ACHARD
RÉCITS D'UN SOLDAT. 2e *édition* 1

LE DUC DE BROGLIE
VUES SUR LE GOUVERNEMENT DE LA FRANCE, publié par son fils.. 2e *édit.* 1

PAUL DE SAINT-VICTOR
BARBARES ET BANDITS. — La Prusse et la Commune. 4e *édition* 1

GEORGE SAND
JOURNAL D'UN VOYAGEUR PENDANT LA GUERRE, 3e *édition* 1
CÉSARINE DIETRICH. 3e *édition* 1

LE COMTE D'HAUSSONVILLE
de l'Académie française
L'ÉGLISE ROMAINE ET LE PREMIER EMPIRE. 3e *édition* 5

CH. BAUDELAIRE
ŒUVRES COMPLÈTES 7

LE PRINCE DE JOINVILLE
ÉTUDES SUR LA MARINE ET RÉCITS DE GUERRE, avec carte 2

ALEX. DUMAS FILS
THÉÂTRE COMPLET avec préfaces inédites. 2e *édition* 4

OCTAVE FEUILLET
de l'Académie française
M. DE CAMORS. 13e *édition* 1
JULIA DE TRÉCŒUR 1

C.-A. SAINTE-BEUVE
de l'Académie française
NOUVEAUX LUNDIS. Tome XIII et dernier. 1
PORTRAITS CONTEMPORAINS. Nouvelle édition très-augmentée ....
SOUVENIRS ET INDISCRÉTIONS ....

HENRI HEINE
ALLEMANDS ET FRANÇAIS ....

OUVRAGES DIVERS
Format in-8°

J.-J. AMPÈRE, *de l'Acad. franç.* f. c.
CÉSAR. Scènes historiques. 1 vol... 7 50
L'EMPIRE ROMAIN A ROME. 2 vol.... 15 »
L'HISTOIRE ROMAINE A ROME, avec des plans topographiques de Rome à diverses époques. 3e *édit.* 4 vol... 30 »
MÉLANGES D'HISTOIRE LITTÉRAIRE ET DE LITTÉRATURE. 2 vol..........12 »
PROMENADE EN AMÉRIQUE. — États-Unis, Cuba, Mexique. 3e *édit.* 2 vol. 12 »
VOYAGE EN ÉGYPTE ET NUBIE. 1 vol... 7 50

***
MAD. LA DUCH. D'ORLÉANS. 6e *éd.* 1 v. 6 »

LE DUC D'AUMALE
de l'Académie française
ALESIA. Étude sur la septième campagne de César en Gaule. Avec 2 cartes (Alise et Alaise). 1 vol... 6 »
HISTOIRE DES PRINCES DE CONDÉ PENDANT LES XVIe ET XVIIe SIÈCLES, avec cartes et portraits gravés sous la direction de M. Henriquel-Dupont. 2 vol..............15 »
LES INSTITUTIONS MILITAIRES DE LA FRANCE. 1 vol...............6 »

J. AUTRAN *de l'Acad. française*
LE CYCLOPE, d'après Euripide. 1 vol.. 3 »
PAROLES DE SALOMON. 1 vol........6 »
LE POÈME DES BEAUX JOURS. 1 vol.. 5 »

L. BABAUD-LARIBIÈRE
ÉTUDES HIST. ET ADMINISTR. 2 vol...12 »

H. DE BALZAC
Œuvres complètes — *Environ 25 volumes*
SCÈNES DE LA VIE PRIVÉE. 4 vol......24 »
SCÈNES DE LA VIE DE PROVINCE. 3 vol...18 »
SCÈNES DE LA VIE PARISIENNE. 4 vol...24 »
SCÈNES DE LA VIE MILITAIRE. 1 vol.. 6 »
SCÈNES DE LA VIE POLITIQUE. 1 vol.. 6 »
SCÈNES DE LA VIE DE CAMPAGNE. 1 v.. 6 »
ÉTUDES PHILOSOPHIQUES. 3 vol......18 »
THÉATRE COMPLET. 1 vol...........6 »
CONTES DROLATIQUES. 1 vol........6 »
CONTES ET NOUVELLES. — ESSAIS ANALYTIQUES. 1 vol.................6 »
PHYSIONOMIES ET ESQUISSES PARISIENNES. 1 vol..................6 »

J. BARTHÉLEMY SAINT-HILAIRE
LETTRES SUR L'ÉGYPTE. 1 vol........7 50

L. BAUDENS
Memb. du conseil de santé des armées
LA GUERRE DE CRIMÉE. — Campements, abris, ambulances, etc. 1 vol... 6 »

IS. BÉDARRIDE
LES JUIFS EN FRANCE, EN ITALIE ET EN ESPAGNE. 3e *édition.* 1 vol... 7 50

LA PRINCESSE DE BELGIOJOSO
ASIE-MINEURE ET SYRIE. 1 vol....... 7 50
HIST. DE LA MAISON DE SAVOIE. 1 v... 7 50

E. BÉNAMOZEGH
MORALE JUIVE ET MOR. CHRÉTIENNE. 1 v. 7 50

HECTOR BERLIOZ
MÉMOIRES, comprenant ses voyages en Italie, en Allemagne, en Russie et en Angleterre, 1803-1865, avec portrait de l'auteur. 1 fort vol....12 »

BERRIAT-SAINT-PRIX f. c.
LA JUSTICE RÉVOLUTIONNAIRE. — Août 1792. Prairial an III. D'après des documents originaux. T. Ier. 2e *édit.* 7 50

E. BEULÉ, *de l'Institut*
AUGUSTE, SA FAMILLE ET SES AMIS. 4e *édition.* 1 vol................6 »
LE SANG DE GERMANICUS. 3e *édit.* 1 v. 6 »
TIBÈRE ET L'HÉRITAGE D'AUGUSTE. 3e *édition* 1 vol................6 »
TITUS ET SA DYNASTIE. 2e *édit.* 1 vol. 6 »
LE DRAME DU VÉSUVE. 1 vol........6 »

J.-B. BIOT *de l'Acad. des Sc. et de l'Ac. fr.*
ÉTUDES SUR L'ASTRONOMIE INDIENNE ET SUR L'ASTRONOMIE CHINOISE. 1 vol. 7 50
MÉLANGES SCIENTIFIQUES ET LITTÉRAIRES. 3 vol..................22 50

LE CHANOINE DE BLESER
ROME ET SES MONUMENTS, guide du voyageur catholique dans la capitale du monde chrétien. 2e *édition,* revue, corrigée et augmentée, avec 66 plans annotés. 1 vol........10 »

CORNELIUS DE BOOM
SOLUTION POLIT. ET SOCIALE. 1 vol. 6 »

LOUIS BOUILHET
DERNIÈRES CHANSONS. — Poésies posthumes avec préface de Gustave Flaubert et un portrait gravé par Flameng. 1 vol.................6 »

FRANÇOIS DE BOURGOING
HISTOIRE DIPLOMATIQUE DE L'EUROPE PENDANT LA RÉVOL. FRANÇAISE. 3 v. 22 50

M.-L. BOUTTEVILLE
LA MORALE DE L'ÉGLISE ET LA MORALE NATURELLE. 1 vol.........7 50

LE DUC DE BROGLIE
VUES SUR LE GOUVERNEMENT DE LA FRANCE. 1 vol................7 50

LE PRINCE DE BROGLIE, *de l'Ac. fr.*
QUESTIONS DE RELIGION ET D'HISTOIRE. 2 vol.................15 »

A. CALMON
HISTOIRE PARLEMENTAIRE DES FINANCES DE LA RESTAURATION. 2 vol. 15 »

AUGUSTE CARLIER
DE L'ESCLAVAGE dans ses rapports avec l'Union américaine. 1 vol... 6 »
HISTOIRE DU PEUPLE AMÉRICAIN — États-Unis — et de ses rapports avec les Indiens. 2 vol..........12 »

J. COHEN
LES DÉICIDES. Examen de la Vie de Jésus et des développements de l'Église chrétienne dans leurs rapports avec le Judaïsme. 2e *édition, revue, corrigée.* 1 vol....6 »

OSCAR COMETTANT
LA MUSIQUE, LES MUSICIENS ET LES INSTRUMENTS DE MUSIQUE chez les différents peuples du monde. 1 vol. orné de 150 dessins..........20 »

J.-J. COULMANN
	f.	c.
RÉMINISCENCES. 3 vol.	15	»

VICTOR COUSIN de l'Acad. française
PHILOSOPHIE DE KANT. 1 vol.	5	»
PHILOSOPHIE ÉCOSSAISE. 1 vol.	5	»

J. CRÉTINEAU-JOLY
LE PAPE CLÉMENT XIV, lettre au Père Theiner. 1 vol.	3	»

LE PRINCE L. CZARTORYSKI
ALEXANDRE 1er ET LE PRINCE CZARTORYSKI. Correspondance particulière et conversations, publiées avec une introduction. 1 vol.	7	50

LE GÉNÉRAL E. DAUMAS
LES CHEVAUX DU SAHARA ET LES MŒURS DU DÉSERT. *Nouv. édition.* 1 vol.	7	50
LA VIE ARABE ET LA SOCIÉTÉ MUSULMANE. 1 vol.	7	50

CAMILLE DOUCET de l'Acad. franç.
COMÉDIES EN VERS. 2 vol.	12	»

MAXIME DU CAMP
LES CONVICTIONS. 1 vol.	5	»

A. DU CASSE
DU SOIR AU MATIN. Scènes de la vie militaire. 1 vol.	5	»

Mme DU DEFFAND
CORRESPONDANCE COMPLÈTE AVEC LA DUCHESSE DE CHOISEUL, L'ABBÉ BARTHÉLEMY ET M. CRAUFURT. *Nouvelle édit., revue et augm.* avec introd. de M. de Saint-Aulaire. 3 vol.	22	50

MARIE ALEXANDRE DUMAS
AU LIT DE MORT. 1 vol.	6	»

DUMONT DE BOSTAQUET
MÉMOIRES INÉDITS, publiés par *Ch. Read et Fr. Waddington.* 1 v.	7	50

DUVERGIER DE HAURANNE de l'Académie française
HISTOIRE DU GOUVERNEMENT PARLEMENTAIRE EN FRANCE. 10 vol.	75	»

LE BARON ERNOUF
HIST. DE LA DERNIÈRE CAPITULATION DE PARIS. Événem. de 1815. 1 vol.	6	»

LE PRINCE EUGÈNE
MÉMOIRES ET CORRESPONDANCE POLITIQUE ET MILITAIRE, publiés par *A. Du Casse.* 10 vol.	60	»

J. FERRARI
HISTOIRE DE LA RAISON D'ÉTAT. 1 v.	7	50

GUSTAVE FLAUBERT
L'ÉDUCATION SENTIMENTALE—HISTOIRE D'UN JEUNE HOMME. 2e édit. 2 vol.	12	»
SALAMMBO. 1 vol. *vélin*	12	»

AD. FRANCK de l'Institut
ÉTUDES ORIENTALES. 1 vol.	7	50
RÉFORMATEURS ET PUBLICISTES DE L'EUROPE. Moyen âge et Renaiss. 1 v.	7	50

CHARLES DE FREYCINET
LA GUERRE EN PROVINCE PENDANT LE SIÉGE DE PARIS, 1870-1871. 7e *édition* 1 vol. avec cartes.	7	50

C. FRÉGIER
LES JUIFS ALGÉRIENS, leur passé, leur présent, leur avenir, etc. 1 vol.	8	»

LE COMTE DE GABRIAC
PROMENADE A TRAVERS L'AMÉRIQUE DU SUD. 1 vol.	8	»

H. GACHARD
DON CARLOS ET PHILIPPE II. 2e *édit.* 1 vol.	7	50

G. GANESCO
	f.	c.
DIPLOMATIE ET NATIONALITÉ. 1 vol.	2	»

Cte AGÉNOR DE GASPARIN
L'AMÉRIQUE DEVANT L'EUROPE. 1 vol.	6	»
UN GRAND PEUPLE QUI SE RELÈVE, LES ÉTATS-UNIS EN 1861. 1 vol.	5	»

G.-G. GERVINUS
Trad. J.-F. Minssen et L. Syouk
INSURRECTION ET RÉGÉNÉRATION DE LA GRÈCE. 2 vol.	16	»

ÉMILE DE GIRARDIN
LE CONDAMNÉ DU 6 MARS. 1 vol.	6	»
LES DROITS DE LA PENSÉE. 1 vol.	6	»
FORCE OU RICHESSE. 1 vol.	6	»
PENSÉES ET MAXIMES. 1 vol.	6	»
POUVOIR ET IMPUISSANCE. 1 vol.	6	»
QUESTIONS DE MON TEMPS. 12 vol.	72	»
QUESTIONS PHILOSOPHIQUES. 1 vol.	6	»
LE SUCCÈS. 1 vol.	6	»

ÉDOUARD GOURDON
HISTOIRE DU CONGRÈS DE PARIS. 1 vol.	5	»

HENRI GRADIS
HISTOIRE DE LA RÉVOLUTION DE 1848, tome Ier.	5	»

H. GRAETZ
SINAÏ ET GOLGOTHA, ou les origines du judaïsme et du christianisme. 1 vol.	7	50
LES JUIFS D'ESPAGNE. 1 vol.	7	50

ERNEST GRANDIDIER
VOYAGE DANS L'AMÉRIQUE DU SUD. 1 v.	5	»

EDMOND DE GUERLE
MILTON, sa vie et ses œuvres. 1 vol.	7	50

F. GUIZOT
LA CHINE ET LE JAPON, par *Laurence Oliphant.* (Traduction). 2 v.	12	»
L'ÉGLISE ET LA SOCIÉTÉ CHRÉTIENNES. 4e *édition.* 1 vol.	5	»
HISTOIRE DE LA FONDATION DE LA RÉPUBLIQUE DES PROVINCES-UNIES, par *J. Lothrop Motley.* (trad. nouvelle avec introduction). 4 vol.	24	»
HISTOIRE PARLEMENTAIRE DE FRANCE, formant le complément des *Mémoires pour servir à l'histoire de mon temps.* 5 vol.	37	50
LA JEUNESSE DU PRINCE ALBERT (traduction). 1 vol.	6	»
MÉDITATIONS SUR L'ESSENCE DE LA RELIGION CHRÉTIENNE. 2e *éd.* 1 vol.	6	»
MÉDITATIONS SUR L'ÉTAT ACTUEL DE LA RELIGION CHRÉTIENNE. 1 vol.	6	»
MÉDITATIONS SUR LA RELIGION CHRÉTIENNE dans ses rapports avec l'état actuel des sociétés et des esprits. 1 v.	6	»
MÉLANGES BIOGRAPHIQUES ET LITTÉRAIRES. 2e *édition.* 1 vol.	7	50
MÉLANGES POLITIQUES ET HISTORIQUES. 1 vol.	7	50
MÉMOIRES pour servir à l'histoire de mon temps (ouvrage auquel a été décerné par l'Institut le grand prix biennal de 1871). 2e *édition.* 8 vol.	60	»
LE PRINCE ALBERT, son caractère et ses discours (traduction et préface). 2e *édition.* 1 vol.	6	»
WILLIAM PITT ET SON TEMPS, par *lord Stanhope* (trad. et introd.) 4 vol.	24	»

OUVRAGES DIVERS — FORMAT IN-8°

LE COMTE D'HAUSSONVILLE
de l'Académie française
L'ÉGLISE ROMAINE ET LE PREMIER EMPIRE. 2ᵉ *édition*. 5 vol............37 50

ERNEST HAVET
LE CHRISTIANISME ET SES ORIGINES. 2 v. 15 »

HERMINJARD
CORRESPONDANCE DES RÉFORMATEURS dans les pays de langue française. 4 vol................40 »

ROBERT HOUDIN
TRICHERIES DES GRECS DÉVOILÉES. 1 v. 5 »
LES SECRETS DE LA PRESTIDIGITATION ET DE LA MAGIE. 1 vol........ 6 »

ARSÈNE HOUSSAYE
MADEMOISELLE CLÉOPATRE. 7ᵉ *éd*. 1 v. 6 »

VICTOR HUGO
QUATORZE DISCOURS. 9ᵉ *édit*. 1 vol... 3 »

VICTOR JACQUEMONT
CORRESPONDANCE INÉDITE avec sa famille, ses amis, 1824-1832, notice par *V. Jacquemont neveu*, et introduction de *Pr. Mérimée*. 2 vol....12 »

PAUL JANET *de l'Institut*
LES PROBLÈMES DU XIXᵉ SIÈCLE. 1 v. 7 50

JULES JANIN *de l'Académie française*
LES GAIETÉS CHAMPÊTRES. 2 vol....12 »
RELIGIEUSE DE TOULOUSE. 2 vol....12 »

ALPHONSE JOBEZ
FEMME ET L'ENFANT. 1 vol........ 5 »

LE PRINCE DE JOINVILLE
ÉTUDES SUR LA MARINE :
L'escadre de la Méditerranée. — La Question chinoise. — La Marine à vapeur dans les guerres continentales. 1 vol.................. 7 50

A. KUENEN — *Trad. A. Pierson*
HIST. CRIT. DES LIVRES DE L'ANCIEN TESTAMENT, préface *d'E. Renan*. 1 v. 7 50

LAMARTINE
ANTONIELLA. 1 vol................ 6 »
GENEVIÈVE. Hist. d'une Servante, 1 vol... 5 »
NOUVELLES CONFIDENCES. 1 vol..... 5 »
TOUSSAINT LOUVERTURE. 1 vol...... 5 »
VIE DE CÉSAR. 1 vol.............. 5 »

CHARLES LAMBERT
IMMORTALITÉ SELON LE CHRIST. 1 v. 7 50
SYSTÈME DU MONDE MORAL. 1 vol... 7 50

PATRICE LARROQUE
DE LA GUERRE ET DES ARMÉES. 3ᵉ *édition*. 1 vol................ 6 »
EXAMEN CRITIQUE DES DOCTRINES DE LA RELIGION CHRÉTIENNE. 4ᵉ *édition*. 2 vol...............15 »
L'ORGANISATION DU GOUVERNEMENT RÉPUBLICAIN. 1 vol.............. 5 »
RÉNOVATION RELIGIEUSE. 4ᵉ *édit*. 1 vol. 7 50

JULES DE LASTEYRIE
HISTOIRE DE LA LIBERTÉ POLITIQUE EN FRANCE. 1 vol................ 7 50

DE LATENA
ÉTUDE DE L'HOMME. 3ᵉ *édition*. 1 vol... 7 50

LATOUR SAINT-YBARS
DE NÉRON. 1 vol............... 7 50

LÉONCE DE LAVERGNE
ASSEMBLÉES PROVINCIALES SOUS LOUIS XVI. 1 vol................ 7 50

JULES LE BERQUIER
COMMUNE DE PARIS. 1 vol......... 3 »

VICT. LE CLERC ET E. RENAN
HISTOIRE LITTÉRAIRE DE LA FRANCE AU XIVᵉ SIÈCLE. 2 vol............16 »

CHARLES LENORMANT
BEAUX-ARTS ET VOYAGES, précédés d'une lettre de *M. Guizot*. 2 vol....15 »

L. DE LOMÉNIE
de l'Académie française
BEAUMARCHAIS ET SON TEMPS. Études sur la société en France au XVIIIᵉ siècle. 2ᵉ *édition*. 2 vol.........15 »
LA COMTESSE DE ROCHEFORT ET SES AMIS. Étude sur les mœurs en France au XVIIIᵉ siècle, avec des documents inédits. 1 vol......... 7 50

LORD MACAULAY *Trad. G. Guizot*
ESSAIS HIST. ET BIOGRAPHIQUES. 2 v. 12 »
— LITTÉRAIRES. 1 vol............. 6 »
— POLIT. ET PHILOSOPHIQUES. 1 vol. 6 »
— SUR L'HIST. D'ANGLETERRE. 1 vol. 6 »

JOSEPH DE MAISTRE
CORRESPONDANCE DIPLOMATIQUE (1811-1817), publiée par *A. Blanc*. 2 vol. 15 »
MÉM. POLIT. ET CORRESPONDANCE DIPLOMATIQUE, publiés par *A. Blanc*. 1 vol......................... 6 »

LE COMTE DE MARCELLUS
CHATEAUBRIAND ET SON TEMPS. 1 vol. 7 50
LES GRECS ANCIENS ET LES GRECS MODERNES. Études littéraires. 1 vol. 7 50
SOUV. DIPLOMATIQUES. Correspondance de Chateaubriand. 1 vol........... 5 »

MARTIN PASCHOUD
LIBERTÉ, VÉRITÉ, CHARITÉ. 1/2 vol... 2 »

THOMAS ERSKINE MAY
HIST. CONSTIT. DE L'ANGLETERRE (1760-1860). Traduct. et introd. de Corn. de Witt. 2 vol................12 »

J.-H. MERLE D'AUBIGNÉ
HISTOIRE DE LA RÉFORMATION EN EUROPE AU TEMPS DE CALVIN. 5 vol..37 50

MÉRY
NAPOLÉON EN ITALIE. Poëme. 1 vol. 5 »

LE COMTE MIOT DE MÉLITO
Ancien ambassadeur et ministre
SES MÉMOIRES, publiés par sa famille (1788-1815). 3 vol..............30 »

Mᵐᵉ A. MOLINOS-LAFITTE
SOLITUDES. 2ᵉ *édition*. 1 vol........ 5 »

LE COMTE DE MONTALIVET
LE ROI LOUIS-PHILIPPE (liste civile). *Nouv. édition, entièrement revue et consid. augm. de notes, pièces, etc., avec portrait et fac simile du roi, plan du château de Neuilly*. 1 vol. 6 »

MORTIMER-TERNAUX
HIST. DE LA TERREUR (1792-1794). 7 v. 42 »

J. LOTHROP MOTLEY
HIST. DE LA FONDATION DE LA RÉPUBLIQUE DES PROVINCES-UNIES. Traduction nouvelle avec une grande introd. de *M. Guizot*. 4 v. 24 »

LE BARON DE NERVO
LE COMTE CORVETTO. 1 vol......... 7 50
L'ESPAGNE EN 1867. 1 vol.......... 5 »
LES FINANCES FRANÇAISES SOUS L'ANCIENNE MONARCHIE, LA RÉPUBLIQUE, LE CONSULAT ET L'EMPIRE. 2 vol....15 »
LES FINANCES FRANÇAISES SOUS LA RESTAURATION. 4 vol.............30 »

LEBARON DE NERVO (Suite)

HISTOIRE D'ESPAGNE DEPUIS SES ORIGINES, tome I.er 7 50
LA MONARCHIE ESPAGNOLE, SON ORIGINE, SA CONDITION, etc. 1/2 vol. 2 »

ADOLPHE NEUBAUER

LA GÉOGRAPHIE DU TALMUD. 1 vol. .. 12 »

MICHEL NICOLAS

DES DOCTRINES RELIGIEUSES DES JUIFS pendant les deux siècles antérieurs à l'ère chrétienne. 2e édit. 1 vol. ... 7 50
ESSAIS DE PHILOSOPHIE ET D'HISTOIRE RELIGIEUSE. 1 vol. 7 50
ÉTUDES CRITIQUES SUR LA BIBLE. Ancien Testament. 2e édit. 1 vol. 7 50
ÉTUDES CRITIQUES SUR LA BIBLE. Nouveau Testament. 1 vol. 7 50
ÉTUDES SUR LES ÉVANGILES APOCRYPHES. 1 vol. 7 50
LE SYMBOLE DES APÔTRES. 1 vol. 7 50

CHARLES NISARD

LES GLADIATEURS DE LA RÉPUBLIQUE DES LETTRES. 2 vol. .... 15 »

LE MARQUIS DE NOAILLES

HENRI DE VALOIS ET LA POLOGNE EN 1572. 3 vol. 22 50

LE DUC D'ORLÉANS

CAMPAGNES DE L'ARMÉE D'AFRIQUE — 1835-1839. — publié par ses fils : Avant-propos de M. le comte de Paris, introduction de M. le duc de Chartres, avec un portrait du duc d'Orléans par Horace Vernet et une carte de l'Algérie. 2e édition. 1 beau volume vélin. 7 50

CASIMIR PERIER

LES FINANCES DE L'EMPIRE. 1/2 vol. 1 »
LES FINANCES ET LA POLITIQUE. 1 vol. 5 »
LE TRAITÉ AVEC L'ANGLETERRE. 1/2 v. 1 50

GEORGES PERROT

SOUVENIRS D'UN VOYAGE EN ASIE-MINEURE. 2e édition. 1 vol. 7 50

A. PEYRAT

HISTOIRE ÉLÉMENTAIRE ET CRITIQUE DE JÉSUS. 4e édition. 1 vol. 7 50

A. PHILIPPE

ROYER-COLLARD. Sa vie publique, sa vie privée, sa famille. 1 vol. ...... 5 »

L'ABBÉ PIERRE

CONSTANTINOPLE, JÉRUSALEM ET ROME, avec un plan de Jérusalem et carte des côtes de la Méditerranée. 2 vol. .... 15 »

F. PONSARD de l'Académie française

ŒUVRES COMPLÈTES. 2 vol. .... 15 »

LE COMTE DE PONTÉCOULANT

SOUVENIRS HISTORIQUES ET PARLEMENTAIRES (1764-1848). 4 vol. .... 24 »

PRÉVOST-PARADOL de l'Acad. franç.

ÉLISABETH ET HENRI IV (1595-1598). 2e édition. 1 vol. .... 6 »
ESSAIS DE POLITIQUE ET DE LITTÉRATURE. 3 vol. 22 50
LA FRANCE NOUVELLE. 3e édit. 1 v. 7 50

EDGAR QUINET

HISTOIRE DE LA CAMPAGNE DE 1815. 2e édit. 1 vol. avec carte 7 50
MERLIN L'ENCHANTEUR. 2 vol. ...... 15 »

J. DE RAINNEVILLE

LA FEMME DANS L'ANTIQUITÉ ET D'APRÈS LA MORALE NATURELLE. 1 vol. 7 50

Mme RÉCAMIER

SOUVENIRS ET CORRESPONDANCE tirés de ses papiers. 3e édition. 2 vol. .. 15 »
COPPET ET WEIMAR. — MADAME DE STAEL ET LA GRANDE-DUCHESSE LOUISE. Récits et Correspondances, par l'auteur des Souvenirs de Madame Récamier. 1 vol. 7 50

CH. DE RÉMUSAT de l'Acad. franç.

POLITIQUE LIBÉRALE, ou Fragments pour servir à la défense de la révolution française. 1 vol. 7 50

ERNEST RENAN de l'Institut

LES APÔTRES. 1 vol. 7 50
AVERROËS ET L'AVERROÏSME, essai historique. 3e édition. 1 vol. 7 50
LE CANTIQUE DES CANTIQUES, traduit de l'hébreu, avec une étude sur le plan, l'âge et le caractère du poëme. 3e édition. 1 vol. .... 6 »
LA CHAIRE D'HÉBREU AU COLLÉGE DE FRANCE. 3e édition. Brochure. .... 1 »
DE L'ORIGINE DU LANGAGE. 4e éd. 1 v. 6 »
ESSAIS DE MORALE ET DE CRITIQUE. 3e édition. 1 vol. 7 50
ÉTUDES D'HISTOIRE RELIGIEUSE. 6e édition. 1 vol. 7 50
HISTOIRE GÉNÉRALE DES LANGUES SÉMITIQUES. 4e édition revue. 1 vol. 12 »
HISTOIRE LITTÉRAIRE DE LA FRANCE AU XIVe SIÈCLE. 2 vol. .... 16 »
LE LIVRE DE JOB, traduit de l'hébreu, avec une étude sur l'âge et le caractère du poëme. 3e édition. 1 v. 7 50
QUESTIONS CONTEMPORAINES. 2e éd. 1 v. 7 50
LA RÉFORME INTELLECTUELLE ET MORALE. 3e édition. 1 vol. 7 50
SAINT PAUL. 1 vol. avec carte 7 50
VIE DE JÉSUS. 13e édition. 1 vol. ... 7 50

D. JOSÉ GUELL Y RENTÉ

CONSIDÉRATIONS POLIT. ET LIT. 1 vol. 5 »
PENSÉES CHRÉTIENNES, POLITIQUES ET PHILOSOPHIQUES. 1 vol. .... 5 »

LOUIS REYBAUD de l'Institut

ÉCONOMISTES MODERNES. 1 vol. 7 50
ÉTUDES SUR LE RÉGIME DES MANUFACTURES. — La soie. 1 vol. 7 50
LE COTON. Son régime, ses problèmes, son influence en Europe. 1 vol. 7 50
LA LAINE. 1 vol. 7 50

LE COMTE R. R.

LA JUSTICE ET LA MONARCHIE POPULAIRE. La Guerre d'Orient. 1 vol. .. 3 »

H. RODRIGUES

LA JUSTICE DE DIEU. 1 vol. .... 5 »
LES ORIGINES DU SERMON DE LA MONTAGNE. 1 vol. .... 3 »
LE ROI DES JUIFS. 1 vol. .... 5 »
SAINT PIERRE. 1 vol. .... 5 »
LES 3 FILLES DE LA BIBLE. 1 vol. .. 6 »

J.-J. ROUSSEAU

ŒUVRES ET CORRESPONDANCE INÉDITES, publiées par M. Streckeisen-Moultou. 1 vol. 7 50

OUVRAGES DIVERS — FORMAT IN-8°

J.-J. ROUSSEAU (Suite) f. c.
J.-J. ROUSSEAU, SES AMIS ET SES ENNEMIS. Corresp. publ. par M. *Streckeisen-Moultou*, avec appréciat. crit. de *Sainte-Beuve*. 2 vol............15 »

MARÉCHAL DE SAINT-ARNAUD
LETTRES avec pièces justificatives, et notice de *Sainte-Beuve*, 2e édit. 2 vol. vélin, ornés du portrait et d'un autographe...............16 »

SAINTE-BEUVE de l'Académie française
POÉSIES COMPLÈTES — JOSEPH DELORME — LES CONSOLATIONS — PENSÉES D'AOUT. N. édition, 2 vol....10 »
VIE, POÉSIES ET PENSÉES DE JOSEPH DELORME. *Nouvelle édition très-augmentée*. 1 vol............ 5 »

SAINT-MARC GIRARDIN de l'Acad. fr.
SOUVENIRS ET RÉFLEXIONS POLITIQUES D'UN JOURNALISTE. 1 vol...... 7 50
LA FONTAINE ET LES FABULISTES. 2 v. 15 »

SAINT-RENÉ TAILLANDIER
ÉTUDES SUR LA RÉVOLUTION EN ALLEMAGNE. 2 vol................12 »
MAURICE DE SAXE. Étude historique. 2e édition. 1 vol............. 5

PAUL DE SAINT-VICTOR
HOMMES ET DIEUX. 3e édition. 1 vol. 7 50

J. SALVADOR
HISTOIRE DES INSTITUTIONS DE MOÏSE ET DU PEUPLE HÉBREU. 3e édition, revue et augmentée. 2 vol.......15 »
JÉSUS-CHRIST ET SA DOCTRINE. Histoire de la naissance de l'Église. *Nouv. édition augmentée*. 2 vol...15 »
PARIS, ROME, JÉRUSALEM. (Question religieuse au XIXe siècle). 2 vol..15 »

MAURICE SAND
RAOUL DE LA CHASTRE. 1 vol...... 6 »

SANTIAGO ARCOS
LA PLATA. Étude historique. 1 vol..10 »

EDMOND SCHERER
MÉLANGES D'HISTOIRE RELIGIEUSE, 1 v. 7 50

DE SÉNANCOUR
RÊVERIES. 3e édition. 1 vol........ 5 »

JAMES SPENSE
L'UNION AMÉRICAINE. 1 vol........ 6 »

LORD STANHOPE
WILLIAM PITT ET SON TEMPS. Trad. avec introd. de M. *Guizot*. 4 vol. 24 »

DAVID-FRÉDÉRIC STRAUSS
auteur de la vie de Jésus
ESSAIS D'HISTOIRE RELIGIEUSE ET MÉLANGES LITTÉRAIRES. Traduction avec introduct. d'E. *Renan*. 1 vol. 7 50

A. DE TOCQUEVILLE de l'Acad. franç.
Œuvres complètes. — *Nouv. édition*.
L'ANCIEN RÉGIME ET LA RÉVOLUTION. 4e édition. 1 vol............. 6 »

A. DE TOCQUEVILLE (Suite) f. c.
DE LA DÉMOCRATIE EN AMÉRIQUE. *Nouvelle édition*. 3 vol............18 »
ÉTUDES ÉCONOMIQUES, POLITIQUES ET LITTÉRAIRES. 1 vol............ 6 »
MÉLANGES. Fragments historiques et Notes. 1 vol................ 6 »
NOUV. CORRESPONDANCE inédite. 1 v. 6 »
ŒUV. POSTHUMES ET CORRESPONDANCE. Introd. de G. *de Beaumont*. 2 vol. 12 »

AUG. TROGNON
VIE DE MARIE-AMÉLIE, reine des Français. 2e édition. 1 vol........ 7 50

E. DE VALBEZEN
LES ANGLAIS ET L'INDE. 3e édit. 1 vol. 7 50

OSCAR DE VALLÉE
ANTOINE LEMAISTRE ET SES CONTEMPORAINS. 2e édition. 1 vol......... 7 50
LE DUC D'ORLÉANS ET LE CHANCELIER D'AGUESSEAU. 1 vol.......... 7 50

LE DUC DE VALMY
LE PASSÉ ET L'AVENIR DE L'ARCHITECTURE. 1 vol................ 5 »

PAUL VARIN
EXPÉDITION DE CHINE. 1 vol....... 5 »

LE DOCTEUR L. VÉRON
QUATRE ANS DE RÈGNE, OU EN SOMMES-NOUS? 1 vol................. 5 »

LOUIS DE VIEL-CASTEL
HISTOIRE DE LA RESTAURATION. 14 v. 84 »

ALFRED DE VIGNY de l'Acad. franç.
Œuvres complètes — *Nouvelle édition*
CINQ-MARS. Avec autographes de Richelieu et de Cinq-Mars. 1 vol..... 5 »
LES DESTINÉES. Poèmes philos. 1 vol. 6 »
POÉSIES COMPLÈTES. 1 vol......... 5 »
SERVITUDE ET GRANDEUR MILITAIRES. 1 vol........................ 5 »
STELLO. 1 vol................... 5 »
THÉATRE COMPLET. 1 vol.......... 5 »

VILLEMAIN de l'Académie française
LA TRIBUNE MODERNE : M. DE CHATEAUBRIAND, sa vie, ses écrits, etc. 1 vol. 7 50

L. VITET de l'Académie française
L'ACADÉMIE ROYALE DE PEINTURE ET DE SCULPTURE. Étude hist. 1 vol.. 6 »
LE COMTE DUCHATEL. 1 vol. avec portrait........................ 6 »
LE LOUVRE. Étude historique, revue et augmentée (Sous pr.). 1 vol...... 6 »

CORNÉLIS DE WITT
HIST. CONST. DE L'ANGLETERRE (1760-1860) par *Thomas Erskine May* (traduct. et introd.). 2 vol........12 »

LE RÉV. CHRIST. WORDSWORT
DE L'ÉGLISE ET DE L'INSTRUCTION PUBLIQUE EN FRANCE. 1 vol........ 5 »

BIBLIOTHÈQUE CONTEMPORAINE
ET COLLECTION DE LA LIBRAIRIE NOUVELLE
Format grand in-18 à 3 fr. 50 c. le Volume

EDMOND ABOUT vol.
LETTRES D'UN BON JEUNE HOMME A SA COUSINE. 3e édition.............. 1
DERN. LETTRES D'UN BON JEUNE HOMME. 1

AMÉDÉE ACHARD
BELLE-ROSE. Nouvelle édition............ 1
RÉCITS D'UN SOLDAT. 2e édition......... 1
SOUVENIRS PERSONNELS D'ÉMEUTES ET DE RÉVOLUTIONS.................. 1

ALARCON
THÉATRE, traduct. d'Alphonse Royer.. 1

GUSTAVE D'ALAUX
L'EMPEREUR SOULOUQUE ET SON EMPIRE. 1

LE DUC D'ALENÇON
LUÇON ET MINDANAO, journal de voyage dans l'extrême Orient, avec carte... 1

LE DUC D'AUMALE
de l'Académie française
LES ZOUAVES ET LES CHASSEURS A PIED. 1

***
SOUV. D'UN OFFICIER DU 2e DE ZOUAVES. 2e édition augmentée.............. 1

***
VARIA.-Morale.-Politique.-Littérature. 5

***
UN MARI EN VACANCES............... 1

UN ARTILLEUR
CAPOUE EN CRIMÉE.................. 2

ALFRED ASSOLLANT
D'HEURE EN HEURE.................. 1
GABRIELLE DE CHÉNEVERT............ 1

XAVIER AUBRYET
LA FEMME DE VINGT-CINQ ANS........ 1
LES JUGEMENTS NOUVEAUX............ 1

L'AUTEUR DE JOHN HALIFAX
UNE EXCEPTION (a noble life)......... 1
LA MÉPRISE DE CHRISTINE............ 1
OLIVIA............................ 2

L'AUTEUR DE Mme LA DUCH. D'ORLÉANS
VIE DE JEANNE D'ARC. 2e édition...... 1

J. AUTRAN *de l'Académie française*
ÉPITRES RUSTIQUES................. 1

AUGUSTE AVRIL
SALTIMBANQUES ET MARIONNETTES..... 1
LE Cte CÉSAR BALBO. Trad. J. Amigues
HISTOIRE D'ITALIE. 2e édition...... 2

LOUIS BAMBERGER
M. DE BISMARK...................... 1

THÉODORE DE BANVILLE
ODES FUNAMBULESQUES. Nouv. édition.. 1
LES PARISIENNES DE PARIS Nouv. édit. 1

CH. BARBARA
HISTOIRES ÉMOUVANTES............... 1

J. BARBEY D'AUREVILLY
L'AMOUR IMPOSSIBLE................ 1
LE CHEVALIER DES TOUCHES........... 1
LES PROPHÈTES DU PASSÉ............. 1

ALEX. BARBIER
LETTRES FAMILIÈRES SUR LA LITTÉRATURE 1

JULES BARBIER
LE FRANC-TIREUR. Chants de guerre.... 1

J. BARTHÉLEMY SAINT-HILAIRE
LETTRES SUR L'ÉGYPTE. 2e édition.... 1

CH. BATAILLE — E. RASETTI vol.
ANTOINE QUÉRARD. Drames de Village. 2

CHARLES BAUDELAIRE
Œuvres complètes — *Édition définitive*
LES FLEURS DU MAL. Poésies complètes. 1
CURIOSITÉS ESTHÉTIQUES............. 1
L'ART ROMANTIQUE.................. 1
PETITS POÈMES EN PROSE — LES PARADIS ARTIFICIELS................... 1
HISTOIRES EXTRAORDINAIRES D'EDGAR POE. (Traduction).................. 1
NOUVELLES HISTOIRES EXTRAORDINAIRES. 1
ARTHUR GORDON PYM. — EUREKA...... 1

L. BAUDENS
LA GUERRE DE CRIMÉE. Les campements, les Abris, les Ambulances, les Hôpitaux, etc. 2e édition............. 1

LE BARON DE BAZANCOURT
LE CHEVALIER DE CHABRIAC........... 1

GUSTAVE DE BEAUMONT
L'IRLANDE SOCIALE, POLIT. ET RELIGIEUSE 7e édition, revue et corrigée........ 2

ROGER DE BEAUVOIR
COLOMBES ET COULEUVRES........... 1
DUELS ET DUELLISTES................ 1
LES MEILLEURS FRUITS DE MON PANIER 1

LA PRINCESSE DE BELGIOJOSO
ASIE-MINEURE ET SYRIE. Nouv. édition. 1

GEORGES BELL
LES REVANCHES DE L'AMOUR........... 1
VOYAGE EN CHINE................... 1

A. DE BELLOY *Traducteur*
COMÉDIES DE PLAUTE................ 1
THÉATRE COMPLET DE TÉRENCE... 2e éd. 1

ADOLPHE BELOT
LE DRAME DE LA RUE DE LA PAIX. 2e eau. 1

TH. DE BENTZON
LE ROMAN D'UN MUET. 1 vol.......... 1

HECTOR BERLIOZ
A TRAVERS CHANTS. Nouv. édition..... 1
LES GROTESQUES DE LA MUSIQUE N. éd. 1
LES SOIRÉES DE L'ORCHESTRE. N. édit. 1

CH. DE BERNARD
NOUVELLES ET MÉLANGES, avec portrait. 1
POÉSIES ET THÉATRE................ 1

EUGÈNE BERTHOUD
UN BAISER MORTEL. 2e édition........ 1

CAROLINE BERTON
LE BONHEUR IMPOSSIBLE............. 1

LA COMTESSE DE BOIGNE
LA MARÉCHALE D'AUBEMER............ 1
UNE PASSION DANS LE GRAND MONDE. 2e éd. 2

H. BLAZE DE BURY
LE CHEVALIER DE CHASOT............ 1
ÉCRIVAINS MODERNES DE L'ALLEMAGNE. 1
ÉPISODE DE L'HISTOIRE DU HANOVRE... 1
INTERMÈDES ET POÈMES.............. 1
LA LÉGENDE DE VERSAILLES.......... 1
LES MAITRESSES DE GOETHE.......... 1
MEYERBEER ET SON TEMPS........... 1
MUSICIENS CONTEMPORAINS........... 1
SOUV. ET RÉCITS DES CAMP. D'AUTRICHE. 1

BIBLIOTHÈQUE CONTEMPORAINE—3 FR. 50 C. LE VOLUME

*** vol.
LES BONSHOMMES DE CIRE............. 1
LES FEMMES DU JOUR. 2ᵉ *édition*.......... 1
LES SALONS DE VIENNE ET DE BERLIN... 1

E. BOQUET-LIANCOURT
THÉATRE DE FAMILLE................ 1

L'AMIRAL P. BOUVET
RÉCIS DE SES CAMPAGNES.......... 1

FÉLIX BOVET
VOYAGE EN TERRE SAINTE. 4ᵉ *édition*.. 1

CHARLES BRAINNE
GNEUSES ET BUVEURS D'EAU........ 1

A. DE BRÉHAT
-D'ACIER....................... 1
MAITRESSES DU DIABLE............. 1
ROMAN DE DEUX JEUNES FEMMES..... 1
TESTAMENT DE LA COMTESSE...... 1

LE DUC DE BROGLIE
VUES SUR LE GOUVERNEMENT DE LA
FRANCE. 2ᵉ *édition*............... 1

PRINCE DE BROGLIE *de l'Acad. fr.*
DIPLOMATIE ET LE DROIT NOUVEAU.. 1
QUEST. DE RELIGION ET D'HIST. 2ᵉ *édit*.. 2

F BUNGENER
ROME ET CONCILE AU XIXᵉ SIÈCLE..... 1

PAUL CAILLARD
CLASSES EN FRANCE ET EN ANGLETERRE. 1

AUGUSTE CALLET
GUERRE. 2ᵉ *édition*................ 1

A. CALMON
WILLIAM PITT. Étude parlementaire.... 1

CLÉMENT CARAGUEL
SOIRÉES DE TAVERNY................ 1

JULES DE CARNÉ
PÉCHEURS ET PÉCHERESSES............ 1

ÉMILE CARREY
L'AMAZONE — HUIT JOURS SOUS L'ÉQUATEUR.. 1
MÉTIS DE LA SAVANE................ 1
JÉSUITES DE LA KABYLIE.............. 1
RÉVOLTÉS DU PARA................. 1

MICHEL CERVANTES
NUMANCE. traduct. d'*Alph. Royer*...... 1

CÉLESTE DE CHABRILLAN
PEWEL.......................... 1
SAPHO.......................... 1
VOLEURS D'OR................... 1

CHAMPFLEURY
AVENTURES DE MADEMOISELLE MARIETTE 1
AMOUREUX DE SAINTE-PÉRINE..... 1
BOURGEOIS DE MOLINCHART....... 1
-CAILLOU....................... 1
DEMOISELLES TOURANGEAU........ 1
EXCENTRIQUES, 2ᵉ *édition*......... 1
MASCARADE DE LA VIE PARISIENNE.. 1
DE BOIS-D'HYVER................ 1
PREMIERS BEAUX JOURS........... 1
RÉALISME....................... 1
USURIER BLAIZOT................ 1

EUGÈNE CHAPUS
HALTES DE CHASSE. 2ᵉ *édition*..... 1
MANUEL DE L'HOMME ET DE LA FEMME
COMME IL FAUT. 5ᵉ *édition*........ 1

PHILARÈTE CHASLES
VIEUX MÉDECIN.................. 1

VICTOR CHERBULIEZ
CHEVAL DE PHIDIAS............... 1
PRINCE VITALE................... 1

H. DE CLAIRET
AMOURS D'UN GARDE CHAMPÊTRE... 1

JULES CLARETIE vol.
MADELEINE BERTIN. 2ᵉ *édition*........ 1

CHARLES CLÉMENT
ÉTUDES SUR LES BEAUX-ARTS EN FRANCE. 1

PIERRE COEUR
CONTES ALGÉRIENS................ 1

Mme LOUISE COLET
LUI. 5ᵉ *édition*................... 1

ATHANASE COQUEREL
LES FORÇATS POUR LA FOI.......... 1

EUGÈNE CORDIER
LE LIVRE D'ULRICH............... 1

CHARLES DE COURCY
LES HISTOIRES DU CAFÉ DE PARIS..... 1

AIMÉ COURNET
L'AMOUR EN ZIGZAG............... 1

VICTOR COUSIN *de l'Acad. fr.*
PHILOSOPHIE ÉCOSSAISE. 4ᵉ *édition*.... 1

LA MARQUISE DE CRÉQUY
SOUVENIRS — De 1710 à 1803 — Nouv.
édition augmentée d'une correspondance inédite et authentique de la
marquise de Créquy............... 5

CUVILLIER-FLEURY *de l'Acad. franç.*
ÉTUDES ET PORTRAITS............. 2
ÉTUDES HISTORIQUES ET LITTÉRAIRES.. 2
NOUV. ÉTUDES HIST. ET LITTÉRAIRES... 1
DERN. ÉTUDES HISTOR. ET LITTÉRAIRES. 2
HISTORIENS, POÈTES ET ROMANCIERS... 2
VOYAGES ET VOYAGEURS. *Nouv. édition*. 1

LA COMTESSE DASH
L'ARBRE DE LA VIERGE............ 1
LES AVENTURES D'UNE JEUNE MARIÉE.... 1
LA BOHÊME DU XVIIᵉ SIÈCLE......... 1
BOHÊME ET NOBLESSE. 2ᵉ *édition*...... 1
LA CEINTURE DE VÉNUS........... 1
LA CHAMBRE ROUGE. 2ᵉ *édition*....... 1
LES COMÉDIES DES GENS DU MONDE.... 1
COMMENT ON FAIT SON CHEMIN DANS LE
MONDE. Code du savoir-vivre. 2ᵉ *édit*. 1
COMMENT TOMBENT LES FEMMES. 2ᵉ *édit*. 1
LA DETTE DE SANG................ 1
LE DRAME DE LA RUE DU SENTIER..... 1
LA FÉE AUX PERLES................ 1
LES FEMMES A PARIS ET EN PROVINCE. 1
LE FILS DU FAUSSAIRE............ 1
UN FILS NATUREL................ 1
LES HÉRITIERS D'UN PRINCE. 2ᵉ *édition*. 1
LE LIVRE DES FEMMES. *Nouv. édition*.. 1
MADEMOIS. CINQUANTE MILLIONS. 2ᵉ *éd*. 1
LES MALHEURS D'UNE REINE......... 1
LA NUIT DE NOCES. 2ᵉ *édition*........ 1
LE ROMAN D'UNE HÉRITIÈRE........ 1
LA ROUTE DU SUICIDE............ 1
UN SECRET DE FAMILLE............ 1
LE SOUPER DES FANTOMES........... 1
LES VACANCES D'UNE PARISIENNE..... 1
LA VIE CHASTE ET LA VIE IMPURE. 2ᵉ *éd*. 1

ALPHONSE DAUDET
LE ROMAN DU CHAPERON ROUGE...... 1

ERNEST DAUDET
LE CARDINAL CONSALVI............ 1
LES DUPERIES DE L'AMOUR.......... 1

LE GÉNÉRAL DAUMAS
LES CHEVAUX DU SAHARA ET LES MOEURS
DU DÉSERT. 4ᵉ *édition*, avec Commentaires d'*Abd-el-Kader*...... 1

L. DAVESIÈS DE PONTÈS
ÉTUDES SUR L'ANGLETERRE......... 1
ÉTUDES SUR L'HISTOIRE DES GAULES... 1

L. DAVESIÈS DE PONTÈS (Suite)
	vol.
ÉTUDES SUR L'HISTOIRE DE PARIS	1
ÉTUDES SUR L'ORIENT. 2e édition	1
ÉTUDES SUR LA PEINTURE VÉNITIENNE	1
NOTES SUR LA GRÈCE	1

DÉCEMBRE-ALONNIER
TYPOGRAPHES ET GENS DE LETTRES	1

EUGÈNE DELIGNY
L'HÉRITAGE D'UN BANQUIER	1
MÉMOIRES D'UN DISSIPATEUR	1
LE SECRET DE M. DE BOISSONNANGE	1
LE TALISMAN DE ROBERT NELS	1

LA COMTESSE DELLA ROCCA
CORRESPONDANCE ENFANTINE. Modèles de lettres pour jeunes filles	1
CORRESPONDANCE INÉDITE DE LA DUCH. DE BOURGOGNE ET DE LA REINE D'ESPAGNE ; publiée avec Introduction	1

PAUL DELTUF
CONTES ROMANESQUES	1
FIDÈS	1
PETITS MALHEURS D'UNE JEUNE FEMME	1
RÉCITS DRAMATIQUES	1

LOUIS DÉPRET
LUCIE	1
LE MOT DE L'ÉNIGME	1

MARIA DERAISMES
NOS PRINCIPES ET NOS MŒURS	1

A. DESBAROLLES
VOYAGE D'UN ARTISTE EN SUISSE A 3 FR. 50 C. PAR JOUR. 3e édition	1

ÉMILE DESCHANEL
CAUSERIES DE QUINZAINE	1
CHRISTOPHE COLOMB ET VASCO DE GAMA	

PAUL DHORMOYS
LA VERTU DE M. BOURGET	1

PASCAL DORÉ
LE ROMAN DE DEUX JEUNES FILLES	1

DRAPEYRON-SELIGMANN
LES DEUX FOLIES DE PARIS	1

MAXIME DU CAMP
LES BUVEURS DE CENDRES	1
EN HOLLANDE. Nouv. édition	1
EXPÉDITION DE SICILE. Souvenirs	1
LES FORCES PERDUES	1
MÉMOIRES D'UN SUICIDÉ	1
LE NIL (Egypte et Nubie). 3e édition	1

J.-A. DUCONDUT
ESSAI DE RHYTHMIQUE FRANÇAISE	1

E. DUFOUR
LES GRIMPEURS DES ALPES (Traduction)	1

ALEXANDRE DUMAS
LES GARIBALDIENS	1
HISTOIRE DE MES BÊTES	1
SOUVENIRS DRAMATIQUES	2
THÉATRE COMPLET	14

MARIE ALEXANDRE DUMAS
AU LIT DE MORT. 2e édition	1
MADAME BENOIT. 2e édition	1
LE MARI DE Mme BENOIT	1

ALEXANDRE DUMAS FILS
AFF. CLÉMENCEAU. Mém. de l'acc., 12e éd.	1
CONTES ET NOUVELLES	1
THÉATRE COMPLET. Préfaces inéd. 2e éd.	4

HENRI DUPIN
CINQ COUPS DE SONNETTE	1

MISS EDGEWORTH
DEMAIN !	1

CHARLES EDMOND
SOUVENIRS D'UN DÉPAYSÉ	vo

Mme ELLIOTT
MÉMOIRES SUR LA RÉVOLUTION FRANÇAISE, avec étude de Sainte-Beuve et un portrait gravé sur acier. 2e édition	

ERCKMANN-CHATRIAN
L'ILLUSTRE DOCTEUR MATHEUS	

XAVIER EYMA
LES PEAUX NOIRES	

ACHILLE EYRAUD
VOYAGE A VÉNUS	

A.-L.-A. FÉE
L'ESPAGNE A 50 ANS D'INTERVALLE	
SOUVENIRS DE LA GUERRE D'ESPAGNE	

FEUILLET DE CONCHES
LÉOPOLD ROBERT, sa vie, ses œuvres et sa correspondance. Nouv. édition	

OCT. FEUILLET de l'Acad. français
BELLAH. 7e édition	
HISTOIRE DE SIBYLLE. 12e édition	
JULIA DE TRÉCŒUR	
M. DE CAMORS. 13e édition	
LA PETITE COMTESSE. Le Parc, Onesta	
LE ROMAN D'UN JEUNE HOMME PAUVRE	
SCÈNES ET COMÉDIES. Nouv. édition	
SCÈNES ET PROVERBES. Nouv. édition	

PAUL FÉVAL
LE BOSSU	
LA FILLE DU JUIF-ERRANT	
QUATRE FEMMES ET UN HOMME. 3e édit.	
LA REINE DES ÉPÉES	
LE TUEUR DE TIGRES	

ERNEST FEYDEAU
ALGER. Étude. 2e édition	
LES AMOURS TRAGIQUES. 2e édition	
LES AVENTURES DU BARON DE FÉRESTE	
COMMENT SE FORMENT LES JEUNES GENS. 3e édition	
LA COMTESSE DE CHALIS. 6e édition	
UN DÉBUT A L'OPÉRA. 4e édition	
DU LUXE, DES FEMMES, DES MŒURS, DE LA LITTÉRATURE ET DE LA VERTU	
LE MARI DE LA DANSEUSE. 3e édition	
MONSIEUR DE SAINT-BERTRAND. 3e édit.	
LE ROMAN D'UNE JEUNE MARIÉE. 7e édit.	
LE SECRET DU BONHEUR. 2e édition	

LOUIS FIGUIER
LES EAUX DE PARIS. 2e édition	

P.-A. FIORENTINO
COMÉDIES ET COMÉDIENS	
LES GRANDS GUIGNOLS	

GUSTAVE FLAUBERT
MADAME BOVARY. Nouv. édition, revue	
SALAMMBO. 5e édition	

EUGÈNE FORCADE
ÉTUDES HISTORIQUES	
HIST. DES CAUSES DE LA GUERRE D'ORIENT	

MARC FOURNIER
LE MONDE ET LA COMÉDIE. (Sous presse)	

VICTOR FRANCONI
LE CAVALIER. Cours d'équitation pratique. 2e édition revue et augm.	
L'ÉCUYER. Cours d'équitation pratique	

ARNOULD FRÉMY
LES GENS MAL ÉLEVÉS	
LES MŒURS DE NOTRE TEMPS	

BIBLIOTHÈQUE CONTEMPORAINE.—3 FR. 50 C. LE VOLUME 11

	vol.
EUGÈNE FROMENTIN	
UNE ANNÉE DANS LE SAHEL. 2ᵉ *édition*	1
LÉOPOLD DE GAILLARD	
QUESTIONS ITALIENNES	1
N. GALDOIS	
LES ARMÉES FRANÇAISES EN ITALIE	1
GALOPPE D'ONQUAIRE	
LE DIABLE BOITEUX EN PROVINCE	1
LE SPECTACLE AU COIN DU FEU	1
LE Cte AGÉNOR DE GASPARIN	
LE BONHEUR. 4ᵉ *édition*	1
L'ÉGALITÉ. 2ᵉ *édition*	1
LA FAMILLE, ses devoirs, ses joies, et ses douleurs. 6ᵉ *édition*	2
LA FRANCE, nos fautes, nos périls, notre avenir	2
UN GRAND PEUPLE QUI SE RELÈVE. Les États-Unis en 1861. 2ᵉ *édition*	1
LA LIBERTÉ MORALE. 2ᵉ *édition*	2
***	
BANDE DU JURA.—Les Prouesses. 2ᵉ *édit.*	1
— Premier voyage. 2ᵉ *édition*	1
— Chez les Allemands.—Chez nous.	1
— A Florence	1
AU BORD DE LA MER. 2ᵉ *édition*	1
CAMILLE. 3ᵉ *édition*	1
A CONSTANTINOPLE. 2ᵉ *édition*	1
A TRAVERS LES ESPAGNES. 2ᵉ *édition*	1
LES HORIZONS CÉLESTES. 8ᵉ *édition*	1
LES HORIZONS PROCHAINS. 7ᵉ *édition*	1
JOURNAL D'UN VOY. AU LEVANT. 2ᵉ éd	3
LES TRISTESSES HUMAINES. 4ᵉ *édition*	1
VESPER. 4ᵉ *édition*	1
THÉOPHILE GAUTIER	
LA BELLE JENNY. 2ᵉ *édition*	1
CONSTANTINOPLE	1
LES GROTESQUES	1
LOIN DE PARIS	1
LA PEAU DE TIGRE	1
QUAND ON VOYAGE	1
JULES GÉRARD, le *Tueur de lions.*	
VOYAGES ET CHASSES DANS L'HIMALAYA	1
GÉRARD DE NERVAL — œuvres complètes	
LES DEUX FAUST DE GOETHE, suivis de poésies allemandes (*traduction*)	1
LES ILLUMINÉS. — Les Faux saulniers	1
LE RÊVE ET LA VIE. — LES FILLES DU FEU. — LA BOHÈME GALANTE	1
VOYAGE EN ORIENT. *Nouvelle édition seule complète*	2
Mme ÉMILE DE GIRARDIN	
M. LE MARQUIS DE PONTANGES	1
NOUVELLES	1
ÉMILE DE GIRARDIN	
LE DROIT AU TRAVAIL, au Luxembourg et à l'Assemblée nationale	2
ÉTUDES POLITIQUES. *Nouvelle édition*	1
EDMOND ET JULES DE GONCOURT	
SŒUR PHILOMÈNE	1
ÉDOUARD GOURDON	
NAUFRAGE AU PORT	1
LÉON GOZLAN	
L'AMOUR DES LÈVRES ET L'AMOUR DU CŒUR	1
BALZAC CHEZ LUI. 2ᵉ *édition*	1
BALZAC EN PANTOUFLES. 3ᵉ *édition*	1
LE DRAGON ROUGE	1
ÉMOTIONS DE POLYDORE MARASQUIN	1
LA FAMILLE LAMBERT	1

	vol.
LÉON GOZLAN (Suite)	
HISTOIRE D'UN DIAMANT. 2ᵉ *édition*	1
LE MÉDECIN DU PECQ	1
LES NUITS DU PÈRE LACHAISE	1
LE PLUS BEAU RÊVE D'UN MILLIONNAIRE	1
CARLO GOZZI	
THÉATRE FIABESQUE, trad. d'A. Royer	1
Mme MANOEL DE GRANDFORT	
RYNO. 3ᵉ *édition*	1
GRANIER DE CASSAGNAC	
DANAÉ	1
GRÉGOROVIUS Trad. de F. Sabatier	
LES TOMBEAUX DES PAPES ROMAINS, avec introduction de J.-J. Ampère	1
F. DE GROISEILLIEZ	
LES COSAQUES DE LA BOURSE	1
AD. GUÉROULT	
ÉTUDES DE POLITIQUE ET DE PHILOSOPHIE RELIGIEUSE	1
AMÉDÉE GUILLEMIN	
LES MONDES. Causeries astronomiques. 3ᵉ *édition*	1
M. GUIZOT	
TROIS GÉNÉRATIONS — 1789-1814-1848. 3ᵉ *édition*	1
LE Cte GUY DE CHARNACÉ	
ÉTUDES D'ÉCONOMIE RURALE	1
F. HALÉVY de *l'Institut*	
SOUVENIRS ET PORTRAITS	1
DERNIERS SOUVENIRS ET PORTRAITS	1
IDA HAHN-HAHN, Trad. Am. Pichot	
LA COMTESSE FAUSTINE	1
B. HAURÉAU	
SINGULARITÉS HISTOR. ET LITTÉRAIRES	1
LE Cte D'HAUSSONVILLE de *l'Acad. fr.*	
L'ÉGLISE ROMAINE ET LE PREMIER EMPIRE. 3ᵉ *édition*	5
HIST. DE LA POLIT. EXTÉRIEURE DU GOUVERN. FRANÇAIS (1830-1848). *Nouv. éd.*	2
HISTOIRE DE LA RÉUNION DE LA LORRAINE A LA FRANCE. 2ᵉ *édition*	4
***	
LA JEUNESSE DE LORD BYRON	1
MARGUERITE DE VALOIS, REINE DE NAVARRE	1
ROBERT EMMET. 2ᵉ *édition*	1
SOUVENIRS D'UNE DEMOIS. D'HONNEUR DE LA DUCH. DE BOURGOGNE. 2ᵉ *édit.*	1
HENRI HEINE — œuvres complètes	
ALLEMANDS ET FRANÇAIS	1
CORRESPONDANCE INÉDITE, avec une introduction et des notes	2
DE LA FRANCE. *Nouvelle édition*	1
DE L'ALLEMAGNE. *Nouvelle édition*	2
DE L'ANGLETERRE	1
DE TOUT UN PEU	1
DRAMES ET FANTAISIES	1
LUTÈCE. *Nouvelle édition*	1
POÈMES ET LÉGENDES. *Nouv. édition*	1
REISEBILDER, tableaux de voyage. *Nouv. édit.* Étude sur Henri Heine, par *Th. Gautier*, avec portrait	2
SATIRES ET PORTRAITS	1
CAMILLE HENRY	
UNE NOUVELLE MADELEINE	1
LE ROMAN D'UNE FEMME LAIDE. 3ᵉ *édit.*	1
ROBERT HOUDIN	
CONFIDENCES D'UN PRESTIDIGITATEUR	2

ARSÈNE HOUSSAYE

Titre	vol.
AVENTURES GALANTES DE MARGOT	1
BLANCHE ET MARGUERITE. 2e *édition*	1
LES FEMMES DU DIABLE. 2e *édition*	1
LES FILLES D'ÈVE. *Nouv. édition*	1
MADEMOISELLE MARIANI. 6e *édition*	1
LA PÉCHERESSE. *Nouv. édition*	1
LE REPENTIR DE MARION. *Nouv. édition*	1
LA VERTU DE ROSINE. *Nouv. édition*	1

F. HUET

RÉVOLUTION PHILOSOPH. AU XIXe SIÈCLE	1
RÉVOLUTION RELIGIEUSE AU XIXe SIÈCLE	1

CHARLES HUGO

LA BOHÊME DORÉE	2
LE COCHON DE SAINT-ANTOINE	1
UNE FAMILLE TRAGIQUE	1

VICTOR HUGO

EN ZÉLANDE. 2e *édition*	1

UN INCONNU

MONSIEUR X.... ET MADAME***	1
LA PLAGE D'ÉTRETAT	1

WASHINGTON IRVING. Trad. Th. Lefebvre

AU BORD DE LA TAMISE. 2e *édition*	1

ALFRED JACOBS

L'OCÉANIE NOUVELLE	1

VICTOR JACQUEMONT

CORRESPONDANCE AVEC SA FAMILLE ET SES AMIS pendant son voyage dans l'Inde (1828-1832). *Nouv édit. revue et aug., la seule complète, avec une étude* par M. Cuvillier-Fleury	2

PAUL JANET *de l'Institut*

LA FAMILLE. Leçons de philosophie morale. 8e *édition*	1
PHILOSOPHIE DU BONHEUR. 3e *édition*	1

JULES JANIN *de l'Acad. française*

BARNAVE. *Nouvelle édition*	1
CONTES FANTAST. ET CONTES LITTÉR.	1
HIST. DE LA LITTÉRATURE DRAMATIQUE	6
L'INTERNÉ. 2e *édition*	1

LE PRINCE DE JOINVILLE

ÉTUD. SUR LA MARINE ET RÉCITS DE GUERRE	2

AUGUSTE JOLTROIS

LES COUPS DE PIED DE L'ANE. 2e *édition*	1

LOUIS JOURDAN

LES FEMMES DEVANT L'ÉCHAFAUD. 2e *éd.*	1

ARMAND JUSSELAIN

ES AMOURS DE JEUNESSE	1
UN DÉPORTÉ A CAYENNE	1

MIECISLAS KAMIENSKI *tué à Magenta*

SOUVENIRS	1

KARL-DES-MONTS

LES LÉGENDES DES PYRÉNÉES. 4e *édit.*	1

ALPHONSE KARR

AGATHE ET CÉCILE	1
DE LOIN ET DE PRÈS. 2e *édition*	1
LES DENTS DU DRAGON. 2e *édition*	1
EN FUMANT. 3e *édition*	1
ES GAIETÉS ROMAINES	1
ETTRES ÉCRITES DE MON JARDIN	1
LA MAISON CLOSE. 2e *édition*	1
LA PROMENADE DES ANGLAIS	1
LA QUEUE D'OR. 2e *édition*	1
LE ROI DES ILES CANARIES. (*Sous presse*)	1
OIRÉES DE SAINTE-ADRESSE	1
SUR LA PLAGE. 2e *édition*	1
SVOYAGE AUTOUR DE MON JARDIN	1

LA BRUYÈRE

LES CARACTÈRES. *Nouvelle édition, commentée* par A. Destailleur	2

LAMARTINE

Titre	vol.
ANTONIELLA. 2e *édition*	1
LES CONFIDENCES	1
GENEVIÈVE. Hist. d'une Servante. 2e *éd.*	1
NOUVEAU VOYAGE EN ORIENT	1
TOUSSAINT LOUVERTURE. 3e *édition*	1

JULIETTE LAMBER

DANS LES ALPES	1
L'ÉDUCATION DE LAURE	1
IDÉES ANTI-PROUDHONIENNES	1
LE MANDARIN	1
MON VILLAGE	1
RÉCITS D'UNE PAYSANNE	1
SAINE ET SAUVE	1
VOYAGE AUTOUR DU GRAND PIN	1

LE PRINCE DE LA MOSKOWA

SOUVENIRS ET RÉCITS	1

LANFREY

LES LETTRES D'ÉVERARD	1

THÉODORE DE LANGEAC

LES AVENTURES D'UN SULTAN	1

V. DE LAPRADE *de l'Acad. franç.*

POÈMES ÉVANGÉLIQUES. 3e *édition*	1
PSYCHÉ. Odes et poèmes. *Nouv. édition*	1
LES SYMPHONIES. Idylles héroïques	1

WILLIAM DE LA RIVE

LA MARQUISE DE CLÉROL	1

PATRICE LARROQUE

DE L'ESCLAVAGE CHEZ LES NATIONS CHRÉTIENNES. 3e *édition*	1

FERDINAND DE LASTEYRIE

LES TRAVAUX DE PARIS. Examen critiq.	1

DE L'ATENA

ÉTUDE DE L'HOMME. 4e *édition augm.*	2

ÉMILE DE LATHEULADE

DE LA DIGNITÉ HUMAINE	1

ANTOINE DE LATOUR

LA BAIE DE CADIX	2
L'ESPAGNE RELIGIEUSE ET LITTÉRAIRE	1
ÉTUDES LITTÉR. SUR L'ESPAGNE CONTEMP.	1
ÉTUDES SUR L'ESPAGNE	1
LES SAYNÈTES DE RAMON DE LA CRUZ	1
TOLÈDE ET LES BORDS DU TAGE	1

THÉOPHILE LAVALLÉE

HISTOIRE DE PARIS, depuis les temps les plus reculés jusqu'à nos jours	2

CHARLES DE LA VARENNE

VICTOR-EMMANUEL II ET LE PIÉMONT	1

CH. LAVOLLÉE

LA CHINE CONTEMPORAINE	1

A. LEFEVRE-PONTALIS

LES LOIS ET LES MOEURS ÉLECTORALES EN FRANCE ET EN ANGLETERRE	1

ERNEST LEGOUVÉ *de l'Acad. franç.*

LECTURES A L'ACADÉMIE	1

JOHN LEMOINNE

NOUV. ÉTUDES CRIT. ET BIOGRAPHIQUES	1

FRANÇOIS LENORMANT

LA GRÈCE ET LES ILES IONIENNES	1

LÉOUZON LE DUC

L'EMPEREUR ALEXANDRE II. 2e *édition*	1

JULES LEVALLOIS

LA PIÉTÉ AU XIXe SIÈCLE	1

CH. LIADIÈRES

OEUVRES DRAMATIQUES ET LÉGENDES	1
SOUVENIRS HIST. ET PARLEMENTAIRES	1

FRANZ LISZT

DES BOHÉMIENS ET DE LEUR MUSIQUE	1

BIBLIOTHÈQUE CONTEMPORAINE. 3 FR. 50 C. LE VOLUME

LE VICOMTE DE LUDRE
vol.
DIX ANNÉES DE LA COUR DE GEORGE II.. 1

CHARLES MAGNIN
HISTOIRE DES MARIONNETTES EN EUROPE, depuis l'antiquité. 2ᵉ *édition*...... 1

FÉLICIEN MALLEFILLE
LE CAPITAINE LAROSE................. 1
LE COLLIER. Contes et Nouvelles....... 1

HECTOR MALOT
LES AMOURS DE JACQUES.............. 1
UNE BONNE AFFAIRE. 2ᵉ *édition*...... 1
UN CURÉ DE PROVINCE................ 1
MADAME OBERNIN. 3ᵉ *édition*........ 1
UN MIRACLE......................... 1
SOUVENIRS D'UN BLESSÉ — SUZANNE 1
 — MISS CLIFTON................ 1
LES VICTIMES D'AMOUR — Les Amants... 1
 — — Les Époux..... 1
 — — Les Enfants... 1
LA VIE MODERNE EN ANGLETERRE...... 1

EUGÈNE MANUEL
PAGES INTIMES, poésies. 4ᵉ *édition*.... 1
POÈMES POPULAIRES 2ᵉ *édition*....... 1

AUGUSTE MAQUET
LE COMTE DE LAVERNIE............... 3
LES VERTES FEUILLES................. 1

MARC-BAYEUX
LA PREMIÈRE ÉTAPE.................. 1

MARC-MONNIER
LA CAMORRA........................ 1

LE COMTE DE MARCELLUS
CHANTS POPULAIRES DE LA GRÈCE MODERNE, réunis, classés et traduits... 1

CH. MARCOTTE DE QUIVIÈRES
DEUX ANS EN AFRIQUE................ 1

X. MARMIER de l'Acad. française
LES DRAMES DU CŒUR. 2ᵉ *édition*.... 1

LE DOCTEUR FÉLIX MAYNARD
JOURNAL D'UNE DAME ANGLAISE........ 1

CH. DE MAZADE
DEUX FEMMES DE LA RÉVOLUTION...... 1
L'ITALIE ET LES ITALIENS............. 1
L'ITALIE MODERNE................... 1
LA POLOGNE CONTEMPORAINE......... 1

E. DU MERAC
PLACIDE DE JAVERNY................. 1

PR. MÉRIMÉE de l'Acad. franç.
LES COSAQUES D'AUTREFOIS. 2ᵉ *édition*. 1
LES DEUX HÉRITAGES. 2ᵉ *édition*..... 1
ÉPISODE DE L'HISTOIRE DE RUSSIE. 2ᵉ éd. 1
ÉTUDES SUR L'HISTOIRE ROMAINE. 2ᵉ éd 1
MÉLANGES HISTORIQUES ET LITT. 2ᵉ éd.. 1
NOUVELLES. Carmen—Arsène Guillot— L'abbé Aubain, etc. 6ᵉ *édition*.... 1

MÉRY
LES AMOURS DES BORDS DU RHIN....... 1
LE CHÂTEAU DES TROIS TOURS......... 1
UN CRIME INCONNU.................. 1
LES JOURNÉES DE TITUS............... 1
MONSIEUR AUGUSTE. 2ᵉ *édition*...... 1
LES MYSTÈRES D'UN CHATEAU......... 1
LES NUITS ANGLAISES................ 1
LES NUITS D'ORIENT................. 1
LES NUITS ESPAGNOLES............... 1
LES NUITS ITALIENNES............... 1
POÉSIES INTIMES.................... 1
THÉÂTRE DE SALON. 2ᵉ *édition*...... 1
NOUVEAU THÉÂTRE DE SALON......... 1
LES UNS ET LES AUTRES.............. 1
URSULE. 2ᵉ *édition*................. 1

MÉRY (Suite)
vol.
LA VÉNUS D'ARLES................... 1
LA VIE FANTASTIQUE................. 1

PAUL MEURICE
CÉSARA. 2ᵉ *édition*................. 1
SCÈNES DU FOYER. LA FAMILLE AUBRY.. 1

ÉDOUARD MEYER
CONTES DE LA MER BALTIQUE.......... 1

FRANCISQUE MICHEL
DU PASSÉ ET DE L'AVENIR DES HARAS... 1

MIE D'AGHONNE
BONJOUR ET BONSOIR................ 1

Cᵗᵉ DE MIRABEAU-Vᵗᵉ DE GRENVILLE
HISTOIRE DE DEUX HÉRITIÈRES........ 1

EUGÈNE DE MIRECOURT
COMMENT LES FEMMES SE PERDENT.... 1
LA MARQUISE DE COURCELLES......... 1

L'ABBÉ TH. MITRAUD
DE LA NATURE DES SOCIÉTÉS HUMAINES. 1
LE LIVRE DE LA VERTU............... 1

CÉLESTE MOGADOR
MÉMOIRES COMPLETS................. 4

L. MOLAND
LE ROMAN D'UNE FILLE LAIDE......... 1

PAUL DE MOLÈNES
L'AMANT ET L'ENFANT................ 1
AVENTURES DU TEMPS PASSÉ.......... 1
LE BONHEUR DES MAIGE.............. 1
CARACTÈRES ET RÉCITS DU TEMPS.... 1
LA FOLIE DE L'ÉPÉE.................. 1
HIST. SENTIMENTALES ET MILITAIRES.. 1

Mᵐᵉ MOLINOS-LAFITTE
L'ÉDUCATION DU FOYER.............. 1

CHARLES MONSELET
LES ANNÉES DE GAITÉ. (Sous presse.)... 1
L'ARGENT MAUDIT. 2ᵉ *édition*....... 1
LA FIN DE L'ORGIE................... 1
LA FRANC-MAÇONNERIE DES FEMMES... 1
FRANÇOIS SOLEIL.................... 1
LES GALANTERIES DU XVIIIᵉ SIÈCLE.... 1
M. DE CUPIDON..................... 1
M. LE DUC S'AMUSE................. 1
LES ORIGINAUX DU SIÈCLE DERNIER.... 1

LE Cᵗᵉ DE MONTALIVET anc. ministre
RIEN.—Dix-huit années de gouvernement parlementaire. 2ᵉ *édition*..... 1

FÉLIX MORNAND
LA VIE ARABE....................... 1

HENRY MURGER
LES BUVEURS D'EAU.................. 1
NUITS D'HIVER. Poésies compl. 4ᵉ *édit*. 1
SCÈNES DE CAMPAGNE................ 1
SCÈNES DE LA VIE DE JEUNESSE....... 1

PAUL DE MUSSET
UN MAITRE INCONNU................. 1

NADAR
LA ROBE DE DÉJANIRE. 2ᵉ *édition*.... 1

CHARLES NARREY
LES DERNIERS JEUNES GENS........... 1

HENRI NICOLLE
COURSES DANS LES PYRÉNÉES......... 1

CHARLES NISARD
MÉMOIRES ET CORRESPONDANCES HISTORIQUES ET LITTÉRAIRES, INÉDITS.... 1

D. NISARD de l'Académie française
ÉTUDES SUR LA RENAISSANCE. 2ᵉ *édition*. 1
MÉLANGES D'HISTOIRE ET DE LITTÉRAT.. 1
NOUV. ÉTUDES D'HIST. ET DE LITTÉRAT.. 1
SOUVENIRS DE VOYAGE. 2ᵉ *édition*.... 1

CH. NODIER *traducteur* — vol.
LE VICAIRE DE WAKEFIELD.......... 1

LE VICOMTE DE NOÉ
BACHI-BOZOUCKS ET CHASSEURS D'AFRIQ. 1

JULES NORIAC
LA BÊTISE HUMAINE. 17e *édition*...... 1
LE CAPITAINE SAUVAGE............. 1
LE 101e RÉGIMENT. 40e *édition*....... 1
LES COQUINS DE PARIS.............. 1
DICTIONNAIRE DES AMOUREUX. 3e *édition*. 1
LES GENS DE PARIS................. 1
LE GRAIN DE SABLE. 10e *édition*...... 1
JOURNAL D'UN FLANEUR.............. 1
MADEMOISELLE POUCET. 2e *édition*.... 1

LAURENCE OLIPHANT
VOYAGE PITT. D'UN ANGLAIS EN RUSSIE. 1

ÉD. OURLIAC — œuvres complètes
LES CONFESSIONS DE NAZARILLE...... 1
LES CONTES DE LA FAMILLE.......... 1
CONTES DU BOCAGE.................. 1
CONTES SCEPTIQUES ET PHILOSOPHIQUES. 1
FANTAISIES........................ 1
LA MARQUISE DE MONTMIRAIL......... 1
NOUVEAUX CONTES DU BOCAGE......... 1
NOUVELLES......................... 1
LES PORTRAITS DE FAMILLE.......... 1
PROVERBES ET SCÈNES BOURGEOISES... 1
SUZANNE........................... 1
THÉATRE DU SEIGNEUR CROQUIGNOLE... 1

ALPHONSE PAGÈS
BALZAC MORALISTE ou Pensées de Balzac extraites de son œuvre, classées et mises en regard de celles de *La Rochefoucauld, Pascal, La Bruyère et Vauvenargues*............................ 1

ÉDOUARD PAILLERON
AMOURS ET HAINES.................. 1

THÉOD. PARMENTIER
DESCRIPTION TOPOGRAPHIQUE ET STRATÉGIQUE DU THÉATRE DE LA GUERRE TURCO-RUSSE, avec carte topograp.... 1

TH. PAVIE
RÉCITS DE TERRE ET DE MER......... 1
SCÈNES ET RÉCITS DES PAYS D'OUTRE-MER. 1

***
FLAMEN............................ 1
HISTOIRE DE SOUCI. 2e *édition*...... 1
LE PÉCHÉ DE MADELEINE. 4e *édition*... 1

P. CASIMIR PERIER
PROPOS D'ART...................... 1

PAUL PERRET
L'AMOUR ÉTERNEL................... 1
LA BAGUE D'ARGENT................. 1
LE CHATEAU DE LA FOLIE............ 1
LES ROUERIES DE COLOMBE........... 1

LÉONCE DE PESQUIDOUX
L'ÉCOLE ANGLAISE — 1672-1851 —..... 1
VOYAGE ARTISTIQUE EN FRANCE....... 1

A. PEYRAT
ÉTUDES HISTORIQUES ET RELIGIEUSES... 1
HISTOIRE ET RELIGION.............. 1
LA RÉVOLUTION..................... 1

LAURENT PICHAT
CARTES SUR TABLE.................. 1
LA SIBYLLE........................ 1

AMÉDÉE PICHOT
LA BELLE REBECCA.................. 1
UN ENLÈVEMENT..................... 1
SIR CHARLES BELL.................. 1

BENJAMIN PIFFTEAU — vol.
DEUX ROUTES DE LA VIE............. 1

GUSTAVE PLANCHE
ÉTUDES SUR L'ÉCOLE FRANÇAISE...... 2

EDMOND PLAUCHUT
LE TOUR DU MONDE EN 120 JOURS..... 1

ÉDOUARD PLOUVIER
LA BELLE AUX CHEVEUX BLEUS, 2e *édit*. 1

EDGAR POE *Trad. Ch. Baudelaire*
HISTOIRES EXTRAORDINAIRES......... 1
NOUVELLES HIST. EXTRAORDINAIRES... 1
ARTHUR GORDON PYM. — EUREKA...... 1

F. PONSARD *de l'Académie française*
ÉTUDES ANTIQUES................... 1

P. P.
L'HÉRITAGE DE MON ONCLE........... 1
L'OFFICIER PAUVRE................. 1
UNE SŒUR.......................... 1
UNE VEUVE......................... 1

A. DE PONTMARTIN
CAUSERIES LITTÉRAIRES. *Nouv. édition*. 1
NOUV. CAUSERIES LITTÉRAIRES. 2e *édit*. 1
DERNIÈRES CAUSERIES LITTÉRAIRES. 2e *éd*. 1
CAUSERIES DU SAMEDI. *Nouv. édition*. 1
DERNIÈRES CAUSERIES DU SAMEDI. 2e *éd*. 1
LES CORBEAUX DU GÉVAUDAN. 2e *édition*. 1
ENTRE CHIEN ET LOUP. 2e *édition*..... 1
LE FILLEUL DE BEAUMARCHAIS........ 1
LE FOND DE LA COUPE............... 1
LES JEUDIS DE Mme CHARBONNEAU. *N. éd*. 1
LA MANDARINE..................... 1
LE RADEAU DE LA MÉDUSE. 2e *édition*... 1
LES SEMAINES LITTÉRAIRES.......... 1
NOUVELLES SEMAINES LITTÉRAIRES.... 1
DERNIÈRES SEMAINES LITTÉRAIRES.... 1
NOUVEAUX SAMEDIS.................. 7

EUGÈNE POUJADE
LE LIBAN ET LA SYRIE. 3e *édition*.... 1

ERNEST PRAROND
DE MONTRÉAL A JÉRUSALEM........... 1

EDMOND DE PRESSENSÉ
LES LEÇONS DU 18 MARS. 2e *édition*... 1

PRÉVOST-PARADOL *de l'Acad. franç.*
ELISABETH ET HENRI IV (1595-1598). 3e *éd*. 1
ESSAIS DE POLITIQUE ET DE LITTÉRATURE. 2e *édition*................. 3
LA FRANCE NOUVELLE. 11e *édition*..... 1
QUELQUES PAGES D'HISTOIRE CONTEMPORAINE. Lettres politiques............ 4

CHARLES RABOU
LA GRANDE ARMÉE................... 2

MAX RADIGUET
A TRAVERS LA BRETAGNE............. 1
SOUVENIRS DE L'AMÉRIQUE ESPAGNOLE. 1

RAMON DE LA CRUZ
SAYNÈTES, tr. de l'esp. par *A. de Latour*. 1

LOUIS RATISBONNE
ALFRED DE VIGNY. Journal d'un poète. 1
L'ENFER DE DANTE, traduction en vers, texte en regard. *Nouvelle édition*. 1
LE PARADIS DE DANTE. *Nouv. édition*. 1
LE PURGATOIRE DE DANTE. *Nouv. édit*. 1
IMPRESSIONS LITTÉRAIRES........... 1
MORTS ET VIVANTS.................. 1

JEAN REBOUL *de Nîmes*
LETTRES avec introd. de *M. Poujoulat*. 1

PAUL DE RÉMUSAT
LES SCIENCES NATURELLES. Études sur leur histoire et sur leurs progrès.... 1

BIBLIOTHÈQUE CONTEMPORAINE 3 FR. 50 C. LE VOLUME

ERNEST RENAN
	vol.
ÉTUDES D'HISTOIRE RELIGIEUSE. 7e édit.	1

D. JOSÉ GUELL Y RENTÉ
LÉGENDES AMÉRICAINES	1
LÉGENDES D'UNE AME TRISTE	1
LÉGENDES DE MONTSERRAT	1
TRADITIONS AMÉRICAINES	1
LA VIERGE DES LYS — PETITE-FILLE DE ROI	1

RODOLPHE REY
HIST. DE LA RENAISSANCE POL. DE L'ITALIE.	1

LOUIS REYBAUD
LA COMTESSE DE MAULÉON	1
LES ÉCOLES EN FRANCE ET EN ANGLETERRE.	1
JÉRÔME PATUROT à la recherche de la meilleure des républiques	2
MARINES ET VOYAGES	1
MŒURS ET PORTRAITS DU TEMPS	2
ROMANS	1
SCÈNES DE LA VIE MODERNE	1
LA VIE A REBOURS	1
LA VIE DE CORSAIRE	1
LA VIE DE L'EMPLOYÉ	1

HENRI RIVIÈRE
LE CACIQUE. Journal d'un marin	1
LA GRANDE MARQUISE	1
MADEMOISELLE D'AVREMONT	1
LA MAIN COUPÉE	1
LES MÉPRISES DU CŒUR	1
LE MEURTRIER D'ALBERTINE RENOUF	1
PIERROT. — CAÏN. — L'ENVOUTEMENT	1
LA POSSÉDÉE	1

HIPPOLYTE RODRIGUES
LES TROIS FILLES DE LA BIBLE	1

AMÉDÉE ROLLAND
LES FILS DE TANTALE	1
LA FOIRE AUX MARIAGES. 2e édition	1

NESTOR ROQUEPLAN
LA VIE PARISIENNE. Nouvelle édition	1

VICTORINE ROSTAND
UNE BONNE ÉTOILE	1
AU BORD DE LA SAÔNE	1
LES SARRASINS AU VIIe SIÈCLE	1

LE DOCTr FÉLIX ROUBAUD
LES EAUX MINÉRALES DE LA FRANCE	1

JEAN ROUSSEAU
LES COUPS D'ÉPÉE DANS L'EAU	1
PARIS DANSANT. 2e édition	1

ÉMILE RUBEN
CE QUE COUTE UNE RÉPUTATION	1

LE MARÉCHAL DE SAINT-ARNAUD
LETTRES. (1832-1854). 3e édition, avec une notice de Sainte-Beuve	2

***
LE CHATEAU DE ZOLKIEW, tiré des récits historiques de Ch. Szajnocha	1

SAINTE-BEUVE de l'Acad. franç.
CHATEAUBRIAND et son groupe littéraire sous l'empire. Nouv. édition, corrigée et augmentée de notes	2
SOUVENIRS ET INDISCRÉTIONS	1
P.-J. PROUDHON	1
PENSÉES AJOURNÉES	1
NOUVEAUX LUNDIS	13
PORTRAITS CONTEMPORAINS. Nouv. édit. revue, corrigée et très-augmentée	5
ÉTUDE SUR VIRGILE. Nouv. édition	1

SAINT-GERMAIN LEDUC
UN MARI	1

SAINT-SIMON
DOCTRINE SAINT-SIMONIENNE	1

PAUL DE SAINT-VICTOR
	vol.
BARBARES ET BANDITS — La Prusse et la Commune. 4e édition	1

GEORGE SAND
ANDRÉ	1
ANTONIA	1
LE BEAU LAURENCE	1
CADIO	1
CÉSARINE DIETRICH	1
LA CONFESSION D'UNE JEUNE FILLE	2
CONSTANCE VERRIER	1
LE DERNIER AMOUR	1
LA DERNIÈRE ALDINI	1
ELLE ET LUI	1
LA FAMILLE DE GERMANDRE	1
FRANCIA	1
FRANÇOIS LE CHAMPI	1
UN HIVER A MAJORQUE — SPIRIDION	1
INDIANA	1
JACQUES	1
JEAN DE LA ROCHE	1
JEAN ZYSKA — GABRIEL	1
JOURNAL D'UN VOY. PENDANT LA GUERRE.	1
LAURA	1
LETTRES D'UN VOYAGEUR	1
MADEMOISELLE MERQUEM	1
MADEMOISELLE LA QUINTINIE	1
LES MAÎTRES MOSAÏSTES	1
LES MAÎTRES SONNEURS	1
MALGRÉTOUT	1
LA MARE AU DIABLE	1
LE MARQUIS DE VILLEMER	1
MAUPRAT	1
MONSIEUR SYLVESTRE	1
MONT-REVÈCHE	1
NANON	1
NOUVELLES	1
LA PETITE FADETTE	1
PIERRE QUI ROULE	1
LES SEPT CORDES DE LA LYRE	1
TAMARIS	1
THÉATRE COMPLET	4
THÉATRE DE NOHANT	1
L'USCOQUE	1
VALENTINE	1
VALVÈDRE	1
LA VILLE NOIRE	1

MAURICE SAND
CALLIRHOÉ	1
MADEMOISELLE AZOTE	1
MISS MARY	1
SIX MILLE LIEUES A TOUTE VAPEUR. 2e édit.	1

MADAME CLÉSINGER-SAND
JACQUES BRUNEAU	1

JULES SANDEAU de l'acad. franç.
UN DÉBUT DANS LA MAGISTRATURE. 2e édit.	1
UN HÉRITAGE. Nouvelle édition	1
LA MAISON DE PENARVAN. 8e édition	1
NOUVELLES. Nouv. édition	1

FRANCISQUE SARCEY
LE MOT ET LA CHOSE. Nouv. édition	1

C. DE SAULT
ESSAIS DE CRITIQUE D'ART	1

AD. SCHÆFFER
HISTOIRE D'UN HOMME HEUREUX	1

EDMOND SCHERER
ÉTUDES CRITIQUES sur la littérature	1
NOUV. ÉTUDES sur la littérature. 2e sér.	1
ÉTUDES SUR LA LITTÉRATURE. 3e série	1
MÉLANGES D'HIS. RELIGIEUSE. 2e édition	1

MICHEL LÉVY FRÈRES, ÉDITEURS

FERNAND SCHICKLER — vol.
EN ORIENT. SOUVENIRS DE VOYAGE.... 1

AURÉLIEN SCHOLL
LES GENS TARÉS.................... 1
HÉLÈNE HERMANN.................. 1
L'OUTRAGE......................... 1
LES PETITS SECRETS DE LA COMÉDIE.. 1

EUGÈNE SCRIBE
THÉÂTRE (ouvrage complet)........... 20

ALBÉRIC SECOND
A QUOI TIENT L'AMOUR ?............. 1

WILLIAM N. SENIOR
LA TURQUIE CONTEMPORAINE......... 1

J.-C.-L. DE SISMONDI
LETTRES INÉDITES, suivies de lettres de Bonstetten, de Mmes de Staël et de Souza, Intr. de *St-René Taillandier*. 1

DE STENDHAL — Œuvres complètes
LA CHARTREUSE DE PARME. *Nouv. édit.* 1
CHRONIQUES ITALIENNES............. 1
CORRESPONDANCE INÉDITE. Introduction de *P. Mérimée* et Portrait..... 2
HISTOIRE DE LA PEINTURE EN ITALIE. 1
MÉLANGES D'ART ET DE LITTÉRATURE. 1
MÉMOIRES D'UN TOURISTE. *Nouv. édit.* 2
NOUVELLES INÉDITES................ 1
PROMENADES DANS ROME. *Nouv. édition.* 2
RACINE ET SHAKSPEARE. *Nouv. édition.* 1
ROMANS ET NOUVELLES.............. 1
ROME, NAPLES ET FLORENCE. *Nouv. édit.* 1
LE ROUGE ET LE NOIR. *Nouv. édition.* 1
VIE DE ROSSINI. *Nouv. édition.* 1
VIES DE HAYDN, DE MOZART ET DE MÉTASTASE. *Nouv. édit. entièrem. revue.* 1

DANIEL STERN
ESSAI SUR LA LIBERTÉ. *Nouv. édition.* 1
FLORENCE ET TURIN. Art et politique. 1
NÉLIDA. *Nouv. édition*............. 1

MATHILDE STEV...
LE OUI ET LE NON DES FEMMES....... 1

SAINT-RENÉ TAILLANDIER
ALLEMAGNE ET RUSSIE............... 1
LA COMTESSE D'ALBANY.............. 1
HISTOIRE ET PHILOSOPHIE RELIGIEUSE. 1
LITTÉRATURE ÉTRANGÈRE — ÉCRIVAINS ET POÈTES MODERNES............. 1

TÉRENCE
THÉÂTRE COMPLET. *Trad. A. de Belloy.* 1

EDMOND TEXIER
CONTES ET VOYAGES................ 1
LA GRÈCE ET SES INSURRECTIONS. *Nouv. édition*, avec cartes............. 1

EDMOND THIAUDIÈRE
UN PRÊTRE EN FAMILLE.............. 1

A. THIERS
HISTOIRE DE LAW.................... 1

AUGUSTIN THIERRY
Œuvres complètes — *Nouvelle édition*
ESSAI SUR L'HISTOIRE DE LA FORMATION DU TIERS ÉTAT................ 1
HISTOIRE DE LA CONQUÊTE DE L'ANGLETERRE PAR LES NORMANDS........ 2
LETTRES SUR L'HISTOIRE DE FRANCE. Dix ans d'études historiques........ 1
RÉCITS DES TEMPS MÉROVINGIENS.... 1

CH. THIERRY-MIEG
SIX SEMAINES EN AFRIQUE. Souv. de voyage, avec carte et 9 dessins..... 1

ÉMILE THOMAS — vol.
HISTOIRE DES ATELIERS NATIONAUX... 1

TIRSO DE MOLINA
THÉÂTRE. Traduct. d'*Alph. Royer*..... 1

V. TISSOT
A LA RECHERCHE DU BONHEUR........ 1

A. TROGNON
VIE DE MARIE-AMÉLIE, reine des Français. 4e *édition*.................. 1

MARIO UCHARD
LA COMTESSE DIANE. 2e *édition*...... 1
UNE DERNIÈRE PASSION............. 1
JEAN DE CHAZOL. 2e *édition*........ 1
LE MARIAGE DE GERTRUDE. 4e *édition* 1
RAYMON. 4e *édition*................ 1

LOUIS ULBACH
L'HOMME AUX CINQ LOUIS D'OR...... 1
LES SECRETS DU DIABLE............. 1

AUGUSTE VACQUERIE
PROFILS ET GRIMACES............... 1

E. DE VALBEZEN (LE MAJOR FRIDOLIN)
LA MALLE DE L'INDE. 2e *édition*..... 1
RÉCITS D'HIER ET D'AUJOURD'HUI.... 1

OSCAR DE VALLÉE
LES MANIEURS D'ARGENT. 4e *édition*. 1

MAX VALREY
CES PAUVRES FEMMES !.............. 1
LES FILLES SANS DOT.............. 1
LES VICTIMES DU MARIAGE. 2e *édition* 1

THÉODORE VERNES
NAPLES ET LES NAPOLITAINS. 2e *édition*. 1

LE DOCTEUR L. VÉRON
CINQ CENT MILLE FRANCS DE RENTE.. 1

CLAUDE VIGNON
UN NAUFRAGE PARISIEN. 2e *édition*... 1

ALFRED DE VIGNY
Œuvres complètes — *Nouvelle édition*
CINQ-MARS, avec 2 autographes..... 1
JOURNAL D'UN POÈTE............... 1
POÉSIES COMPLÈTES................ 1
SERVITUDE ET GRANDEUR MILITAIRES. 1
STELLO............................ 1
THÉÂTRE COMPLET................. 1

SAMUEL VINCENT
DU PROTESTANTISME EN FRANCE. *N. édit.* Introd. de *Prévost-Paradol*........ 1
MÉDITATIONS RELIGIEUSES. Not. de *Fontanès*. Introd. d'*A. Coquerel fils*.. 1

LÉON VINGTAIN
DE LA LIBERTÉ DE LA PRESSE........ 1
VIE PUBLIQUE DE ROYER-COLLARD. préface du duc *de Broglie*......... 1

L. VITET, de l'Académie française
ESSAIS HISTORIQUES ET LITTÉRAIRES.. 1
ÉTUDES SUR L'HISTOIRE DE L'ART. 2e *édit.* 1
HISTOIRE DE DIEPPE. *Nouvelle édition.* 1
LA LIGUE. — SCÈNES HISTORIQUES. Précéd. des ÉTATS D'ORLÉANS. *Nouv. édition.* 2

RICHARD WAGNER
QUATRE POÈMES D'OPÉRAS ALLEMANDS. 1

J.-J. WEISS
ESSAIS SUR L'HISTOIRE DE LA LITTÉRATURE FRANÇAISE.................. 1

FRANCIS WEY
LES ANGLAIS CHEZ EUX.............. 1
CHRISTIAN......................... 1

Mme DE WITT, née *Guizot*
HISTOIRE DU PEUPLE JUIF, depuis son retour de la captivité à Babylone. 1

	vol.		vol.
CORNÉLIS DE WITT		**E. YEMENIZ**, *Consul de Grèce*	
LA SOCIÉTÉ FRANÇAISE ET LA SOCIÉTÉ ANGLAISE AU XVIIIe SIÈCLE............	1	LA GRÈCE MODERNE................	1
ALBERT WOLFF		SCÈNES ET RÉCITS DES GUERRES DE L'INDÉPENDANCE................	1
DEUX EMPEREURS. 1870-1871...........	1		

BIBLIOTHÈQUE NOUVELLE

Format grand in-18 à 2 francs le volume

	vol.		vol.
EDMOND ABOUT		**DÉCEMBRE-ALONNIER**	
LE CAS DE M. GUÉRIN. 6e *édition*......	1	LA BOHÈME LITTÉRAIRE............	1
LE NEZ D'UN NOTAIRE. 7e *édition*......	1	**ÉDOUARD DELESSERT**	
AMÉDÉE ACHARD		LE CHEMIN DE ROME................	1
NELLY........................	1	**CAMILLE DERAINS**	
LA TRAITE DES BLONDES...........	1	LA FAMILLE D'ANTOINE MOREL.....	1
PIOTRE ARTAMOW		**CH. DICKENS** Trad. *Amédée Pichot*	
HISTOIRE D'UN BOUTON. 4e *édition*.....	1	LES CONTES D'UN INCONNU.........	1
LES INSTRUMENTS DE MUSIQUE DU DIABLE.	1	**MAXIME DU CAMP**	
LA MÉNAGERIE LITTÉRAIRE...........	1	LES CHANTS MODERNES............	1
BABAUD-LARIBIÈRE		LE CHEVALIER DU CŒUR-SAIGNANT...	1
HISTOIRE DE L'ASSEMBLÉE NATIONALE CONSTITUANTE................	2	L'HOMME AU BRACELET D'OR. 2e *édition*.	1
H. DE BARTHÉLEMY		LE SALON DE 1859................	1
LA NOBLESSE EN FRANCE avant et depuis 1789................	1	LE SALON DE 1861................	1
Mme DE BAWR		**JOACHIM DUFLOT**	
ROBERTINE......................	1	LES SECRETS DES COULISSES DES THÉÂTRES DE PARIS. Mœurs, Usages, Anecdotes, avec une préface de J. Noriac................	1
LES SOIRÉES DES JEUNES PERSONNES...	1		
ROGER DE BEAUVOIR			
LES MYSTÈRES DE L'ILE SAINT-LOUIS....	1	**ALEXANDRE DUMAS**	
LES ŒUFS DE PAQUES.............	1	L'ART ET LES ARTISTES CONTEMPORAINS	1
FRÉDÉRIC BÉCHARD		DE PARIS A ASTRAKAN............	3
L'ÉCHAPPÉ DE PARIS. Nouv. série des *Existences déclassées*. 2e *édition*...	1	LA SAN-FELICE................	9
LES EXISTENCES DÉCLASSÉES. 5e *édition*.	1	SOUVENIRS D'UNE FAVORITE........	4
GEORGES BELL		**ÉMILIE**	
LUCY LA BLONDE..................	1	CHANTS D'UNE ÉTRANGÈRE.........	1
PIERRE BERNARD		**XAVIER EYMA**	
L'A B C DE L'ESPRIT ET DU CŒUR....	1	LE ROMAN DE FLAVIO.............	1
CHARLES BERTHOUD		**JULES GÉRARD** le *Tueur de lions*	
FRANÇOIS D'ASSISE................	1	MES DERNIÈRES CHASSES.........	1
ALBERT BLANQUET		**ÉMILE DE GIRARDIN**	
LE ROI D'ITALIE. Roman historique....	1	BON SENS, BONNE FOI............	1
RAOUL BRAVARD		LE POUR ET LE CONTRE..........	1
CES SAVOYARDS!................	1	QUESTIONS ADMINIST. ET FINANCIÈRES.	1
E. BRISEBARRE ET E. NUS		**ÉDOUARD GOURDON**	
LES DRAMES DE LA VIE............	2	CHACUN LA SIENNE.............	1
CLÉMENT CARAGUEL		LES FAUCHEURS DE NUIT. 5e *édition*...	1
SOUVENIRS ET AVENTURES D'UN VOLONTAIRE GARIBALDIEN................	1	LOUISE. 12e *édition*............	1
		LÉON GOZLAN	
LA COMTESSE DE CHABRILLAN		LES AVENTURES DU PRINCE DE GALLES.	1
EST-IL FOU?................	1	**Mme MANOEL DE GRANDFORT**	
ÉMILE CHEVALIER		MADAME N'EST PAS CHEZ ELLE........	1
LES PIEDS NOIRS................	1	OCTAVE — COMMENT ON S'AIME QUAND ON NE S'AIME PLUS............	1
CLOGENSON		**ED. GRIMARD**	
BEPPO, *de Byron*, trad. en vers.....	1	L'ÉTERNEL FÉMININ.............	1
A. CONSTANT		**JULES GUÉROULT**	
LE SORCIER DE MEUDON...........	1	FABLES........................	1

CHARLES D'HÉRICAULT
vol.
LA FILLE AUX BLUETS. 2ᵉ *édition*...... 1
LES PATRICIENS DE PARIS............ 1

A. JAIME FILS
L'HÉRITAGE DU MAL............... 1
LES TALONS NOIRS. 2ᵉ *édition*....... 1

LOUIS JOURDAN
LES PEINTRES FRANÇAIS............. 1

AURÈLE KERVIGAN
HISTOIRE DE RIRE................. 1

MARY LAFON
LA BANDE MYSTÉRIEUSE............ 1
LA PESTE DE MARSEILLE........... 1

MARQUISE DE LAGRANGE
LA RÉSINIÈRE D'ARCACHON......... 1

G. DE LA LANDELLE
LA GORGONE..................... 2

STEPHEN DE LA MADELAINE
UN CAS PENDABLE................. 1

L'ABBÉ DE LAMENNAIS
DE LA SOCIÉTÉ PREMIÈRE et de ses lois. 1

LARDIN ET MIE D'AGHONNE
JEANNE DE FLERS................. 1

A. LEXANDRE
LE PÈLERINAGE DE MIREILLE........ 1

LOGEROTTE
DE PALERME A TURIN.............. 1

FANNY LOVIOT
LES PIRATES CHINOIS. 3ᵉ *édition*..... 1

LOUIS LURINE
VOYAGES DANS LE PASSÉ........... 1

VICTOR LURO
MARGUERITE D'ANGOULÊME......... 1

AUGUSTE MAQUET
LE BEAU D'ANGENNES.............. 1
LA BELLE GABRIELLE.............. 3
DETTES DE CŒUR................. 2
L'ENVERS ET L'ENDROIT........... 2
LA MAISON DU BAIGNEUR.......... 2
LA ROSE BLANCHE................ 1

MÉRY
MARSEILLE ET LES MARSEILLAIS. 2ᵉ *édit.* 1

ALFRED MICHIELS
CONTES D'UNE NUIT D'HIVER........ 1

EUGÈNE DE MIRECOURT
LES CONFESSIONS DE MARION DELORME. 3
— DE NINON DE LENCLOS. 3

MARC-MONNIER
vol.
HISTOIRE DU BRIGANDAGE DANS L'ITALIE
MÉRIDIONALE. 2ᵉ *édition*......... 1

MORTIMER-TERNAUX
LA CHUTE DE LA ROYAUTÉ.......... 1
LE PEUPLE AUX TUILERIES......... 1

CHARLES NARREY
LE QUATRIÈME LARRON. 2ᵉ *édition*.... 1

JULES NORIAC
LA DAME A LA PLUME NOIRE. 2ᵉ *édition*. 1
MÉMOIRES D'UN BAISER. 3ᵉ *édition*.... 1
SUR LE RAIL. 2ᵉ *édition*............ 1

LE COMTE A. DE PONTÉCOULANT
HISTOIRES ET ANECDOTES.......... 1

A. DE PONTMARTIN
LES BRULEURS DE TEMPLES........ 1

CHARLES RABOU
LE CAPITAINE LAMBERT........... 1
LOUISON D'ARQUIEN.............. 1
LES TRIBULATIONS DE MAÎTRE FABRICIUS. 1

GIOVANI RUFINI
MÉMOIRES D'UN CONSPIRATEUR ITALIEN. 1

C.-A. SAINTE-BEUVE
de l'Académie française
LE GÉNÉRAL JOMINI. 2ᵉ *édition*...... 1
MADAME DESBORDES-VALMORE...... 1
M. DE TALLEYRAND. 2ᵉ *édition*...... 1

VICTORIEN SARDOU
LA PERLE NOIRE................. 1

AURÉLIEN SCHOLL
LES AMOURS DE THÉÂTRE. 2ᵉ *édition*.. 1
SCÈNES ET MENSONGES PARISIENS. 2ᵉ *éd.* 1

E.-A. SEILLIÈRE
AU PIED DU DONON................ 1

Mme SURVILLE, *née de Balzac*
LE COMPAGNON DU FOYER.......... 1

THACKERAY *Trad. Am. Pichot*
MORGIANA....................... 1

EM. DE VARS
LA JOUEUSE. Mœurs de province..... 1

Mme VERDIER-ALLUT
LES GÉORGIQUES DU MIDI.......... 1

A. VERMOREL
LES AMOURS FUNESTES............ 1
LES AMOURS VULGAIRES.......... 1

Dr L. VÉRON
PARIS EN 1860. LES THÉÂTRES DE
PARIS DE 1806 A 1860, *avec gravures*. 1

ŒUVRES COMPLÈTES
DE
H. DE BALZAC

NOUVELLE ÉDITION COMPLÈTE — 45 VOLUMES

1 fr. 25 cent. le volume (*Chaque volume se vend séparément*)

Les œuvres que BALZAC a désignées sous le titre de :
La Comédie humaine, forment dans cette édition...... 40 volumes.
Les Contes drôlatiques................................. 3 —
Le Théâtre, seule édition complète...................... 2 —

COMÉDIE HUMAINE

SCÈNES DE LA VIE PRIVÉE

Tome 1. — LA MAISON DU CHAT QUI PELOTTE. Le Bal de Sceaux. La Bourse. La Vendetta. Madame Firmiani. Une double Famille.

Tome 2. — LA PAIX DU MÉNAGE. La fausse maîtresse. Etude de femme. Autre Etude de Femme. La grande Bretèche. Albert Savarus.

Tome 3. — MÉMOIRES DE DEUX JEUNES MARIÉES. Une Fille d'Eve.

Tome 4. — LA FEMME DE TRENTE ANS. La Femme abandonnée. La Grenadière. Le Message. Gobseck.

Tome 5. — LE CONTRAT DE MARIAGE. Un Début dans la vie.

Tome 6. — MODESTE MIGNON.

Tome 7. — BÉATRIX.

Tome 8. — HONORINE. Le Colonel Chabert. La Messe de l'Athée. L'Interdiction. Pierre Grassou.

SCÈNES DE LA VIE DE PROVINCE

Tome 9. — URSULE MIROUET.

Tome 10. — EUGÉNIE GRANDET.

Tome 11. — LES CÉLIBATAIRES — I. Pierrette. Le Curé de Tours.

Tome 12. — LES CÉLIBATAIRES — II. Un Ménage de Garçon.

Tome 13. — LES PARISIENS EN PROVINCE. L'illustre Gaudissart. La Muse du département.

Tome 14. — LES RIVALITÉS. La Vieille Fille. Le Cabinet des Antiques.

Tome 15. — LE LYS DANS LA VALLÉE.

Tome 16. — ILLUSIONS PERDUES — I. Les deux Poëtes. Un grand Homme de province à Paris, 1re partie.

Tome 17. — ILLUSIONS PERDUES — II. Un grand Homme de province, 2e partie. Eve et David.

SCÈNES DE LA VIE PARISIENNE

Tome 18. — SPLENDEURS ET MISÈRES DES COURTISANES. Esther heureuse. A combien l'amour revient aux Vieillards. Où mènent les mauvais Chemins.

Tome 19. — LA DERNIÈRE INCARNATION DE VAUTRIN. Un Prince de la Bohème. Un Homme d'affaires. Gaudissart II. Les Comédiens sans le savoir.

Tome 20. — HISTOIRE DES TREIZE. Ferragus. La Duchesse de Langeais. La Fille aux yeux d'or.

Tome 21. — LE PÈRE GORIOT.

Tome 22. — CÉSAR BIROTTEAU.

Tome 23. — LA MAISON NUCINGEN. Les Secrets de la princesse de Cadignan. Les Employés. Sarrasine. Facino Cane.

Tome 24. — LES PARENTS PAUVRES — 1 La Cousine Bette.

Tome 25. — LES PARENTS PAUVRES — 2 Le Cousin Pons.

SCÈNES DE LA VIE POLITIQUE

Tome 26. — UNE TÉNÉBREUSE AFFAIRE. Un Episode sous la Terreur.

Tome 27. — L'ENVERS DE L'HISTOIRE CONTEMPORAINE. Madame de la Chanterie. L'Initié. Z. Marcas.

Tome 28. — LE DÉPUTÉ D'ARCIS.

SCÈNES DE LA VIE MILITAIRE

Tome 29. — LES CHOUANS. Une Passion dans le Désert.

SCÈNES DE LA VIE DE CAMPAGNE

Tome 30. — LE MÉDECIN DE CAMPAGNE.

Tome 31. — LE CURÉ DE VILLAGE.

Tome 32. — LES PAYSANS.

ÉTUDES PHILOSOPHIQUES

Tome 33. — LA PEAU DE CHAGRIN.

Tome 34. — LA RECHERCHE DE L'ABSOLU. Jésus-Christ en Flandre. Melmoth réconcilié. Le Chef-d'œuvre inconnu.

Tome 35. — L'ENFANT MAUDIT. Gambara. Massimilla Doni.

Tome 36. — LES MARANA. Adieu. Le Réquisitionnaire. El Verdugo. Un Drame au bord de la mer. L'Auberge rouge. L'Elixir de longue vie. Maître Cornélius.

Tome 37. — SUR CATHERINE DE MÉDICIS. Le Martyr calviniste. La Confidence des Ruggieri. Les deux Rêves.

Tome 38. — LOUIS LAMBERT. Les Proscrits. Seraphita.

ÉTUDES ANALYTIQUES

Tome 39. — PHYSIOLOGIE DU MARIAGE.

Tome 40. — PETITES MISÈRES DE LA VIE CONJUGALE.

CONTES DROLATIQUES

Tome 41. — 1er *dixain*.
Tome 42. — 2e *dixain*.
Tome 43. — 3e *dixain*.

THÉATRE

Tome 44. — VAUTRIN, drame en 5 actes. Les Ressources de Quinola, comédie en 5 actes. Paméla Giraud, comédie en 5 actes.

Tome 45. — LA MARATRE, drame intime en 5 actes. Le Faiseur (Mercadet), comédie en 5 actes (entièrement conforme au manuscrit de l'auteur.)

ŒUVRES DE JEUNESSE
DE H. DE BALZAC
NOUVELLE ÉDITION COMPLÈTE — 10 VOLUMES
1 fr. 25 cent. le volume (*Chaque volume se vend séparément*)

ARGOW LE PIRATE	1 vol.	L'HÉRITIÈRE DE BIRAGUE	1 vol.
LE CENTENAIRE	1 —	L'ISRAÉLITE	1 —
LA DERNIÈRE FÉE	1 —	JANE LA PALE	1 —
DOM GIGADAS	1 —	JEAN-LOUIS	1 —
L'EXCOMMUNIÉ	1 —	LE VICAIRE DES ARDENNES	1 —

OUVRAGES DIVERS

J. AUTRAN *de l'Acad. franç.* f. c.
LABOUREURS ET SOLDATS. 2ᵉ éd. 1 v. 5 »
LES POEMES DE LA MER. 1 vol. 5 »

LA PRINCESSE DE BELGIOJOSO
SCÈNES DE LA VIE TURQUE. 1 vol. 5 »

J.-B. BORÉDON
GABRIEL ET FIAMMETTA. 1 vol. 5 »

LOUIS BOUILHET
POÉSIES. Festons et Astragales. 1 vol. 6 »

A. BRIZEUX
ŒUVRES COMPLÈTES. Éd. définit. 2 v. 12 »

LE COMTE GUY DE CHARNACÉ
LES FEMMES D'AUJOURD'HUI. 2ᵉ éd. 2 v. 10 »

LE COMTE DE CHÉVIGNÉ
LES CONTES RÉMOIS illustrés par E. Meissonier, 6ᵉ édition. 1 vol. 5 »

VICTOR COUSIN
PHILOSOPHIE DE KANT. 4ᵉ éd. 1 vol. 6 »

E. J. DELÉCLUZE
SOUVENIRS DE SOIXANTE ANNÉES. 1 vol. 6 »

CHARLES EMMANUEL
LES DÉVIATIONS DU PENDULE ET LE MOUVEMENT DE LA TERRE. 1 vol. 1 »

EUGÈNE FROMENTIN
UN ÉTÉ DANS LE SAHARA. 1 volume. 5 »

ALEXANDRE GUÉRIN
LES RELIGIEUSES. 1 volume. 1 »

HOFFMANN *Trad. Champfleury*
CONTES POSTHUMES 1 vol. 6 »

LA REINE HORTENSE
LA REINE HORTENSE EN ITALIE, EN FRANCE ET EN ANGLETERRE. 1 vol. 6 »

LÉON HOLLÆNDER
DIX-HUIT SIÈCLES DE PRÉJUGÉS CHRÉTIENS. 1 volume. 2 »

J. JANIN *de l'Acad. française*
LES CONTES DU CHALET. 2ᵉ édit. 1 v. 6 »

LAMARTINE
GRAZIELLA. 1 vol. 5 »
NOUVELLES CONFIDENCES. 1 vol. 5 »

LASSABATHIE *Admin. du Conserv.* f. c.
HISTOIRE DU CONSERVATOIRE IMPÉRIAL DE MUSIQUE ET DE DÉCLAMATION. 1 volume. 5 »

AUGUSTE LUCHET
LA CÔTE-D'OR A VOL D'OISEAU. 1 vol. 2 »
LA SCIENCE DU VIN. 1 volume. 2 50

STEPHEN DE LA MADELAINE
CHANT. Études prat. de style. 1/2 vol. 2 »

PAUL DE MOLÈNES
COMMENTAIRES D'UN SOLDAT. 1 vol. 6 »

P. MORIN
COMMENT L'ESPRIT VIENT AUX TABLES. 1 volume. 1 50

LA COMTESSE NATHALIE
LA VILLA GALIETTA. 1 vol. 5 »

A. PEYRAT
UN NOUVEAU DOGME. Histoire de l'Immaculée Conception. 1 volume. 3 »

GUSTAVE PLANCHE
ÉTUDES LITTÉRAIRES. 1 volume. 6 »
ÉTUDES SUR LES ARTS. 1 volume. 6 »

A. DE PONTMARTIN
LETTRES D'UN INTERCEPTÉ. 1 volume. 2 50

LE DOCTEUR RAULAND
LE LIVRE DES ÉPOUX. Guide pour la guérison de l'impuissance, de la stérilité et de toutes les maladies des organes génitaux. 1 fort vol. 4 »

LE DOCTEUR ROUBAUD
POUGUES, ses eaux minérales, ses environs, etc. 1 vol. 6 »

LE ROI LOUIS-PHILIPPE
MON JOURNAL. Événements de 1815. 2 volumes. 12 »

WARNER
SCHAMYL. 1 volume. 2 »

ÉTUDES CONTEMPORAINES — Format in-18

ÉDOUARD DELPRAT
L'ADMINISTRATION DE LA PRESSE. 1 v. 1 »

A. GERMAIN
MARTYROLOGE DE LA PRESSE. 1 vol. 2 50

LE COMTE D'HAUSSONVILLE
LETTRE AU SÉNAT. 1 vol. 1 »

LÉONCE DE LAVERGNE
LA CONSTITUTION DE 1852 ET LE DÉCRET DU 24 NOVEMBRE. 1 vol. 1 »

ED. DE SONNIER
LES DROITS POLITIQUES DANS LES ÉLECTIONS. — Manuel de l'Électeur et du Candidat. 1 vol. 1 »

***

LA LIBERTÉ RELIGIEUSE ET LA LÉGISLATION ACLTUELE. 1 vol. 1 »

COLLECTION MICHEL LÉVY
ET BIBLIOTHÈQUE DE LA LIBRAIRIE NOUVELLE
1 fr. 25 c. le volume grand in-18 de 300 à 400 pages

AMÉDÉE ACHARD vol.
BRUNES ET BLONDES.................. 1
LA CHASSE ROYALE................... 2
LES DERNIÈRES MARQUISES............ 1
DES FEMMES HONNÊTES................ 1
PARISIENNES ET PROVINCIALES........ 1
LES PETITS-FILS DE LOVELACE........ 1
LES RÊVEURS DE PARIS............... 1
LA ROBE DE NESSUS.................. 1

ACHIM D'ARNIM *Tr. Th. Gautier fils*
CONTES BIZARRES.................... 1

ADOLPHE ADAM
SOUVENIRS D'UN MUSICIEN............ 1
DERNIERS SOUVENIRS D'UN MUSICIEN... 1

W.-H. AINSWORTH *Trad. H. Revoil*
LE GENTILHOMME DES GRANDES ROUTES.. 2

***
MADAME LA DUCHESSE D'ORLÉANS, HÉ-
 LÈNE DE MECKLEMBOURG-SCHWERIN.... 1

ALFRED ASSOLLANT
HISTOIRE FANTASTIQUE DE PIERROT.... 1

ÉMILE AUGIER *de l'Acad. française*
POÉSIES COMPLÈTES.................. 1

LE DUC D'AUMALE
INSTITUTIONS MILITAIRES DE LA FRANCE. 1
LES ZOUAVES ET LES CHASSEURS A PIED. 1

J. AUTRAN *de l'Académie française*
MILIANAH. Épisode des guer. d'Afrique. 1

H. DE BALZAC
THÉATRE COMPLET.................... 2

J. BARBEY D'AUREVILLY
L'ENSORCELÉE....................... 1

ODYSSE BAROT
HISTOIRE DES IDÉES AU XIXᵉ SIÈCLE. —
 ÉM. DE GIRARDIN, sa vie, ses idées, etc. 1

Mme DE BASSANVILLE
LES SECRETS D'UNE JEUNE FILLE...... 1

Mme DE BAWR
NOUVELLES.......................... 1
RAOUL, ou l'Enéide................. 1
ROBERTINE.......................... 1
LES SOIRÉES DES JEUNES PERSONNES... 1

BEAUMARCHAIS
THÉATRE, avec Notice de L. de Loménie. 1

GUSTAVE DE BEAUMONT
L'IRLANDE SOCIALE, POLITIQUE ET RELIG. 2

ROGER DE BEAUVOIR
AVENTURIÈRES ET COURTISANES........ 1
LE CABARET DES MORTS............... 1
LE CHEVALIER DE CHARNY............. 1
LE CHEVALIER DE SAINT-GEORGES...... 1
L'ÉCOLIER DE CLUNY................. 1
HISTOIRES CAVALIÈRES............... 1
LA LESCOMBAT....................... 1
MADEMOISELLE DE CHOISY............. 1

ROGER DE BEAUVOIR *(Suite)* vol.
LE MOULIN D'HEILLY................. 1
LES MYSTÈRES DE L'ILE SAINT-LOUIS.. 2
LE PAUVRE DIABLE................... 1
LES SOIRÉES DU LIDO................ 1
LES TROIS ROHAN.................... 1

Mme ROGER DE BEAUVOIR
CONFIDENCES DE Mlle MARS........... 1
SOUS LE MASQUE..................... 1

HENRI BÉCHADE
LA CHASSE EN ALGÉRIE............... 1

Mme BEECHER STOWE
CASE DE L'ONCLE TOM. (Trad. *Pilatte*) 2
SOUVENIRS HEUREUX. (Trad. *Forcade*) 3

LA PRINCESSE DE BELGIOJOSO
ASIE-MINEURE ET SYRIE.............. 1

GEORGES BELL
SCÈNES DE LA VIE DE CHATEAU........ 1

BENJAMIN CONSTANT
ADOLPHE, avec notice de *Sainte-Beuve*. 1

A. DE BERNARD
LE PORTRAIT DE LA MARQUISE......... 1

CHARLES DE BERNARD
LES AILES D'ICARE.................. 1
UN BEAU-PÈRE....................... 2
L'ÉCUEIL........................... 1
LE GENTILHOMME CAMPAGNARD.......... 2
GERFAUT............................ 1
UN HOMME SÉRIEUX................... 1
LE NŒUD GORDIEN.................... 1
LE PARATONNERRE.................... 1
LE PARAVENT........................ 1
PEAU DU LION ET CHASSE AUX AMANTS.. 1

BERNARDIN DE SAINT-PIERRE
PAUL ET VIRGINIE — Précédé d'un essai
 par *Prévost-Paradol*............. 1

ÉLIE BERTHET
LA BASTIDE ROUGE................... 1
LES CHAUFFEURS..................... 1
LE DERNIER IRLANDAIS............... 1
LA ROCHE TREMBLANTE................ 1

EUGÈNE BERTHOUD
SECRETS DE FEMME................... 1

CAROLINE BERTON
ROSETTE............................ 1

ALBERT BLANQUET
LA BELLE FÉRONNIÈRE................ 1
LA MAITRESSE DU ROI................ 1

***
HOMMES DU JOUR..................... 1
LES SALONS DE VIENNE ET DE BERLIN.. 1

CAMILLE BODIN
LA COUR D'ASSISES.................. 1
MÉMOIRES D'UN CONFESSEUR........... 1

CH. DE BOIGNE
LES PETITS MÉMOIRES DE L'OPÉRA..... 1

LOUIS BOUILHET
MÉLÆNIS, conte..................... 1

RAOUL BRAVARD

	vol.
L'HONNEUR DES FEMMES	1
UNE PETITE VILLE	1
LA REVANCHE DE GEORGES DANDIN	1

A. DE BRÉHAT

L'AMOUR AU NOUVEAU-MONDE	1
LES AMOUREUX DE VINGT ANS	1
LES AMOURS DU BEAU GUSTAVE	1
LES AMOURS D'UNE NOBLE DAME	1
L'AUBERGE DU SOLEIL D'OR	1
LE BAL DE L'OPÉRA	1
LA CABANE DU SABOTIER	1
LES CHASSEURS D'HOMMES	1
LES CHASSEURS DE TIGRES	1
LE CHATEAU DE VILLEBON	1
LES CHAUFFEURS INDIENS	1
LES CHEMINS DE LA VIE	1
LE COUSIN AUX MILLIONS	1
DEUX AMIS	1
UN DRAME A CALCUTTA	1
UN DRAME A TROUVILLE	1
UNE FEMME ÉTRANGE	1
HISTOIRES D'AMOUR	1
LES ORPHELINS DE TRÉGUEREC	1
SCÈNES DE LA VIE CONTEMPORAINE	1
LA SORCIÈRE NOIRE	1
LA VENGEANCE D'UN MULATRE	1

BRILLAT-SAVARIN

PHYSIOLOGIE DU GOUT. *Nouv. édition*	1

MAX BUCHON

EN PROVINCE	1

E.-L. BULWER *Trad. Am. Pichot*

LA FAMILLE CAXTON	2
LE JOUR ET LA NUIT	2

ÉMILIE CARLEN *Trad. Souvestre*

DEUX JEUNES FEMMES	1

HIPPOLYTE CASTILLE

HISTOIRES DE MÉNAGE	1

CHAMPFLEURY

LES EXCENTRIQUES	1
LES SENSATIONS DE JOSQUIN	1
SOUVENIRS DES FUNAMBULES	1
LA SUCCESSION LE CAMUS	1

F. DE CHATEAUBRIAND

ATALA—RENÉ—LE DERNIER ABENCÉRAGE, avec avant-propos de *Sainte-Beuve*	1
LE GÉNIE DU CHRISTIANISME, avec un avant-propos de *M. Guizot*	2
HISTOIRE DE FRANCE, essai analytique avec une notice par *Sainte-Beuve*	2
ITINÉRAIRE DE PARIS A JÉRUSALEM, avec une Etude de *M. de Pontmartin*	2
LES MARTYRS, avec un essai d'*Ampère*	2
LES NATCHEZ, avec un essai du *Prince Albert de Broglie*	2
LE PARADIS PERDU de *Milton*, trad. préc. d'une étude de *M. John Lemoinne*	1
VOYAGE EN AMÉRIQUE, avec une introduction de *Sainte-Beuve*	1
LES QUATRE STUARTS, précédé du discours de Chateaubriand à l'Académie, par *C.-A. Sainte-Beuve*	1

ÉMILE CHEVALIER

LES DERNIERS IROQUOIS	1
LA FILLE DES INDIENS ROUGES	1
LA HURONNE	1
LES NEZ-PERCÉS	1
PEAUX-ROUGES ET PEAUX-BLANCHES	1
LES PIEDS-NOIRS	1

ÉMILE CHEVALIER (*Suite*)

	vol.
POIGNET-D'ACIER	1
LA TÊTE-PLATE	1

GUSTAVE CLAUDIN

POINT ET VIRGULE	1

Mme LOUISE COLET

QUARANTE-CINQ LETTRES DE BÉRANGER	1

HENRI CONSCIENCE

L'ANNÉE DES MERVEILLES	1
AURÉLIEN	2
BATAVIA	1
LES BOURGEOIS DE DARLINGEN	1
LE BOURGMESTRE DE LIÉGE	1
LE CHEMIN DE LA FORTUNE	1
LE CONSCRIT	1
LE COUREUR DES GRÈVES	1
LE DÉMON DE L'ARGENT	1
LE DÉMON DU JEU	1
LES DRAMES FLAMANDS	1
LA FIANCÉE DU MAITRE D'ÉCOLE	1
LE FLÉAU DU VILLAGE	1
LE GANT PERDU	1
LE GENTILHOMME PAUVRE	1
LA GUERRE DES PAYSANS	1
LE GUET-APENS	1
HEURES DU SOIR	1
HISTOIRE DE DEUX ENFANTS D'OUVRIERS	1
LE JEUNE DOCTEUR	1
LA JEUNE FEMME PALE	1
LE LION DE FLANDRE	2
MAITRE VALENTIN	1
LE MAL DU SIÈCLE	1
LE MARCHAND D'ANVERS	1
LE MARTYRE D'UNE MÈRE	1
LA MÈRE JOB	1
L'ONCLE ET LA NIÈCE	1
L'ONCLE REIMOND	1
L'ORPHELINE	1
LE PAYS DE L'OR	1
UN SACRIFICE	1
LE SANG HUMAIN	1
SCÈNES DE LA VIE FLAMANDE	2
SOUVENIRS DE JEUNESSE	1
LA TOMBE DE FER	2
LE TRIBUN DE GAND	2
LES VEILLÉES FLAMANDES	1
LA VOLEUSE D'ENFANT	1

H. CORNE

SOUVENIRS D'UN PROSCRIT POLONAIS	1

P. CORNEILLE

ŒUVRES, avec notice de *Sainte-Beuve*	2

COMTESSE DASH

UN AMOUR COUPABLE	1
LES AMOURS DE LA BELLE AURORE	2
LES BALS MASQUÉS	1
LA BELLE PARISIENNE	1
LA CHAINE D'OR	1
LA CHAMBRE BLEUE	1
LE CHATEAU DE LA ROCHE-SANGLANTE	1
LES CHATEAUX EN AFRIQUE	1
LA DAME DU CHATEAU MURÉ	1
LA DERNIÈRE EXPIATION	2
LA DUCHESSE D'ÉPONNES	1
LA DUCHESSE DE LAUZUN	3
LA FEMME DE L'AVEUGLE	1
LES FOLIES DU CŒUR	1
LE FRUIT DÉFENDU	1
LES GALANTERIES DE LA COUR DE LOUIS XV	4
— LA RÉGENCE	1
— LA JEUNESSE DE LOUIS XV	1

COLLECTION MICHEL LÉVY — 1 FR. 25 C. LE VOLUME

COMTESSE DASH (Suite)

Titre	vol.
LES MAITRESSES DU ROI	1
LE PARC AUX CERFS	1
LE JEU DE LA REINE	1
LA JOLIE BOHÉMIENNE	1
LES LIONS DE PARIS	1
MADAME LOUISE DE FRANCE	1
MADAME DE LA SABLIÈRE	1
MADEMOISELLE DE LA TOUR DU PIN	1
LA MAIN GAUCHE ET LA MAIN DROITE	1
LA MARQUISE DE PARABÈRE	1
LA MARQUISE SANGLANTE	1
LE NEUF DE PIQUE	1
LA POUDRE ET LA NEIGE	1
LA PRINCESSE DE CONTI	1
UN PROCÈS CRIMINEL	1
UNE RIVALE DE LA POMPADOUR	1
LE SALON DU DIABLE	1
LES SECRETS D'UNE SORCIÈRE	2
LA SORCIÈRE DU ROI	2
LES SOUPERS DE LA RÉGENCE	2
LES SUITES D'UNE FAUTE	1
TROIS AMOURS	1

LE GÉNÉRAL DAUMAS

Titre	vol.
LE GRAND DÉSERT	1

E.-J. DELÉCLUZE

Titre	vol.
DONA OLIMPIA	1
MADEMOISELLE JUSTINE DE LIRON	1
LA PREMIÈRE COMMUNION	1

ÉDOUARD DELESSERT

Titre	vol.
VOYAGE AUX VILLES MAUDITES	1

PAUL DELTUF

Titre	vol.
AVENTURES PARISIENNES	1

CHARLES DICKENS Trad. Am. Pichot

Titre	vol.
CONTES DE NOEL	1
CONTES POUR LE JOUR DES ROIS	1
HISTORIETTES ET RÉCITS DU FOYER	1
LE NEVEU DE MA TANTE	2

OCTAVE DIDIER

Titre	vol.
UNE FILLE DE ROI	1
MADAME GEORGES	1

MAXIME DU CAMP

Titre	vol.
LE SALON DE 1857	1
LES SIX AVENTURES	1

ALEXANDRE DUMAS

Titre	vol.
ACTÉ	1
AMAURY	1
ANGE PITOU	2
ASCANIO	2
UNE AVENTURE D'AMOUR	1
AVENTURES DE JOHN DAVYS	2
LES BALEINIERS	2
LE BATARD DE MAULÉON	3
BLACK	1
LES BLANCS ET LES BLEUS	3
LA BOUILLIE DE LA COMTESSE BERTHE	1
LA BOULE DE NEIGE	1
BRIC-A-BRAC	2
UN CADET DE FAMILLE	3
LE CAPITAINE PAMPHILE	1
LE CAPITAINE PAUL	1
LE CAPITAINE RICHARD	1
CATHERINE BLUM	1
CAUSERIES	2
CÉCILE	1
CHARLES LE TÉMÉRAIRE	2
LE CHASSEUR DE SAUVAGINE	1
LE CHATEAU D'EPPSTEIN	1
LE CHEVALIER D'HARMENTAL	2

ALEX. DUMAS (Suite)

Titre	vol.
LE CHEVALIER DE MAISON-ROUGE	2
LE COLLIER DE LA REINE	3
LA COLOMBE. Maître Adam le Calabrais	1
LE COMTE DE MONTE-CRISTO	6
LA COMTESSE DE CHARNY	6
LA COMTESSE DE SALISBURY	2
LES COMPAGNONS DE JÉHU	3
LES CONFESSIONS DE LA MARQUISE	2
CONSCIENCE L'INNOCENT	2
CRÉATION ET RÉDEMPTION. — LE DOCTEUR MYSTÉRIEUX	2
— LA FILLE DU MARQUIS	2
LA DAME DE MONSOREAU	3
LA DAME DE VOLUPTÉ	2
LES DEUX DIANE	3
LES DEUX REINES	2
DIEU DISPOSE	
LE DRAME DE 93	
LES DRAMES DE LA MER	1
LES DRAMES GALANTS. — LA MARQ. D'ESCOMAN	2
LA FEMME AU COLLIER DE VELOURS	1
FERNANDE	1
UNE FILLE DU RÉGENT	1
LE FILS DU FORÇAT	1
LES FRÈRES CORSES	1
GABRIEL LAMBERT	1
LES GARIBALDIENS	1
GAULE ET FRANCE	1
GEORGES	1
UN GIL BLAS EN CALIFORNIE	1
LES GRANDS HOMMES EN ROBE DE CHAMBRE. — CÉSAR	2
— HENRI IV — LOUIS XIII ET RICHELIEU	2
LA GUERRE DES FEMMES	2
HISTOIRE D'UN CASSE-NOISETTE	1
LES HOMMES DE FER	1
L'HOROSCOPE	1
L'ILE DE FEU	2
IMPRESSIONS DE VOYAGE — EN SUISSE	3
— EN RUSSIE	4
— UNE ANNÉE A FLORENCE	1
— L'ARABIE HEUREUSE	3
— LES BORDS DU RHIN	2
— LE CAPITAINE ARÉNA	1
— LE CAUCASE	3
— LE CORRICOLO	2
— LE MIDI DE LA FRANCE	2
— DE PARIS A CADIX	2
— QUINZE JOURS AU SINAI	1
— LE SPERONARE	2
— LE VÉLOCE	2
— LA VILLA PALMIERI	1
INGÉNUE	2
ISABEL DE BAVIÈRE	2
ITALIENS ET FLAMANDS	2
IVANHOE de W. Scott. (Traduction)	2
JACQUES ORTIS	1
JANE	1
JEHANNE LA PUCELLE	1
LOUIS XIV ET SON SIÈCLE	4
LOUIS XV ET SA COUR	2
LOUIS XVI ET LA RÉVOLUTION	2
LES LOUVES DE MACHECOUL	3
MADAME DE CHAMBLAY	2
LA MAISON DE GLACE	2
LE MAITRE D'ARMES	1
LES MARIAGES DU PÈRE OLIFUS	2
LES MÉDICIS	1
MES MÉMOIRES	10

ALEX. DUMAS (Suite)

	vol.
MÉMOIRES DE GARIBALDI	2
MÉMOIRES D'UNE AVEUGLE	2
MÉMOIRES D'UN MÉDECIN (BALSAMO)	5
LE MENEUR DE LOUPS	1
LES MILLE ET UN FANTOMES	1
LES MOHICANS DE PARIS	4
LES MORTS VONT VITE	2
NAPOLÉON	1
UNE NUIT A FLORENCE	1
OLYMPE DE CLÈVES	3
LE PAGE DU DUC DE SAVOIE	2
PARISIENS ET PROVINCIAUX	2
LE PASTEUR D'ASHBOURN	2
PAULINE ET PASCAL BRUNO	1
UN PAYS INCONNU	1
LE PÈRE GIGOGNE	2
LE PÈRE LA RUINE	1
LE PRINCE DES VOLEURS	2
LA PRINCESSE DE MONACO	2
LA PRINCESSE FLORA	1
LES QUARANTE-CINQ	3
LA RÉGENCE	1
LA REINE MARGOT	2
ROBIN HOOD LE PROSCRIT	2
LA ROUTE DE VARENNES	1
LE SALTÉADOR	1
SALVATOR	5
SOUVENIRS D'ANTONY	1
LES STUARTS	1
SULTANETTA	1
SYLVANDIRE	1
LA TERREUR PRUSSIENNE	2
LE TESTAMENT DE M. CHAUVELIN	1
TROIS MAITRES	1
LES TROIS MOUSQUETAIRES	2
LE TROU DE L'ENFER	1
LA TULIPE NOIRE	1
LE VICOMTE DE BRAGELONNE	6
LA VIE AU DÉSERT	2
UNE VIE D'ARTISTE	1
VINGT ANS APRÈS	3

ALEXANDRE DUMAS FILS

ANTONINE	1
AVENTURES DE QUATRE FEMMES	4
LA BOITE D'ARGENT	1
LA DAME AUX CAMÉLIAS	1
LA DAME AUX PERLES	1
DIANE DE LYS	1
LE DOCTEUR SERVANS	1
LE RÉGENT MUSTEL	1
LE ROMAN D'UNE FEMME	1
SOPHIE PRINTEMS	1
TRISTAN LE ROUX	1
TROIS HOMMES FORTS	1
LA VIE A VINGT ANS	1

GABRIEL D'ENTRAGUES

HISTOIRES D'AMOUR ET D'ARGENT	1

XAVIER EYMA

AVENTURIERS ET CORSAIRES	2
LES FEMMES DU NOUVEAU-MONDE	1
LES PEAUX-ROUGES	1
LE ROI DES TROPIQUES	1
LE TRONE D'ARGENT	1

PAUL FÉVAL

ALIZIA PAULI	1

PAUL FÉVAL (Suite)

	v
LES AMOURS DE PARIS	
BLANCHEFLEUR	
LE CAPITAINE SIMON	
LES COMPAGNONS DU SILENCE	
LES DERNIÈRES FÉES	
LES FANFARONS DU ROI	
LA MAISON DE PILATE	
LES NUITS DE PARIS	
LE ROI DES GUEUX	

GUSTAVE FLAUBERT

MADAME BOVARY	

PAUL FOUCHER

LA VIE DE PLAISIR	

FOURNIER ET ARNOULD

STRUENSÉE	

ARNOULD FRÉMY

LES CONFESSIONS D'UN BOHÉMIEN	

GALOPPE D'ONQUAIRE

LE DIABLE BOITEUX AU CHATEAU	
LE DIABLE BOITEUX A PARIS	
LE DIABLE BOITEUX AU VILLAGE	

ANTOINE GANDON

LES 32 DUELS DE JEAN GIGON	
LE GRAND GODARD	
L'ONCLE PHILIBERT	

THÉOPHILE GAUTIER

CONSTANTINOPLE	1
LES GROTESQUES	1

SOPHIE GAY

ANATOLE	1
LE COMTE DE GUICHE	1
LA COMTESSE D'EGMONT	1
LA DUCHESSE DE CHATEAUROUX	1
ELLÉNORE	2
LE FAUX FRÈRE	1
LAURE D'ESTELL	1
LÉONIE DE MONTBREUSE	1
LES MALHEURS D'UN AMANT HEUREUX	1
UN MARIAGE SOUS L'EMPIRE	1
LE MARI CONFIDENT	1
MARIE DE MANCINI	1
MARIE-LOUISE D'ORLÉANS	1
LE MOQUEUR AMOUREUX	1
PHYSIOLOGIE DU RIDICULE	1
SALONS CÉLÈBRES	1
SOUVENIRS D'UNE VIEILLE FEMME	1

JULES GÉRARD

LA CHASSE AU LION. Dessins de G. Doré	1

GÉRARD DE NERVAL

LA BOHÊME GALANTE	1
LES FILLES DU FEU	1
LE MARQUIS DE FAYOLLE	1
SOUVENIRS D'ALLEMAGNE	1

ÉMILE DE GIRARDIN

ÉMILE	1

Mme ÉMILE DE GIRARDIN

LA CANNE DE M. DE BALZAC	
CONTES D'UNE VIEILLE FILLE	
LA CROIX DE BERNY (en Société avec Th. Gautier, Méry et Jules Sandeau)	
IL NE FAUT PAS JOUER AVEC LA DOULEUR	1
LE LORGNON	
MARGUERITE	
M. LE MARQUIS DE PONTANGES	1
NOUVELLES	1
POÉSIES COMPLÈTES	1

COLLECTION MICHEL LÉVY — 1 FR. 25 C. LE VOLUME

Mme ÉM. DE GIRARDIN *(Suite)* vol.
LE VICOMTE DE LAUNAY. Lettres parisiennes. *Edition complète*........ 4

W. GODWIN *Trad. Am. Pichot*
CALEB WILLIAMS................ 2

GŒTHE *Trad. N. Fournier*
HERMANN ET DOROTHÉE........... 1
WERTHER, avec notice d'*Henri Heine*.. 1

OL. GOLDSMITH *Trad. N. Fournier*
LE VICAIRE DE WAKEFIELD, avec étude de lord Macaulay, *trad. G. Guizot*... 1

LÉON GOZLAN
BALZAC CHEZ LUI................ 1
LE BARIL DE POUDRE D'OR........ 1
LA COMÉDIE ET LES COMÉDIENS.... 1
LA DERNIÈRE SŒUR GRISE........ 1
LA FOLLE DU LOGIS.............. 1
LE NOTAIRE DE CHANTILLY....... 1

Mme MANOEL DE GRANDFORT
L'AUTRE MONDE................. 1
L'AMOUR AUX CHAMPS........... 1

M. GUIZOT
LA FRANCE ET LA PRUSSE......... 1

LÉON HILAIRE
NOUVELLES FANTAISISTES......... 1

HILDEBRAND *Traduct. L. Wocquier*
LA CHAMBRE OBSCURE............ 1
SCÈNES DE LA VIE HOLLANDAISE.... 1

ARSÈNE HOUSSAYE
L'AMOUR COMME IL EST........... 1
LES FEMMES COMME ELLES SONT... 1

CHARLES HUGO
LA CHAISE DE PAILLE............ 1

F. VICTOR HUGO *Traducteur*
LE FAUST ANGLAIS *de Marlowe*..... 1
SONNETS *de Shakspeare*.......... 1

F. HUGONNET
SOUV. D'UN CHEF DE BUREAU ARABE.... 1

JULES JANIN *de l'Académie française*
L'ANE MORT.................... 1
LE CHEMIN DE TRAVERSE......... 1
UN CŒUR POUR DEUX AMOURS..... 1
LA CONFESSION................. 1

CHARLES JOBEY
L'AMOUR D'UN NÈGRE............ 1

LE PRINCE DE JOINVILLE
GUERRE D'AMÉRIQUE, CAMPAGNE DU POTOMAC................... 1

PAUL JUILLERAT
LES DEUX BALCONS.............. 1

ALPHONSE KARR
AGATHE ET CÉCILE.............. 1
LE CHEMIN LE PLUS COURT....... 1
CLOTILDE...................... 1
CLOVIS GOSSELIN............... 1
CONTES ET NOUVELLES........... 1
ENCORE LES FEMMES............. 1

ALPHONSE KARR *(Suite)* vol.
LES FEMMES.................... 1
LA FAMILLE ALAIN.............. 1
FEU BRESSIER.................. 1
LES FLEURS.................... 1
GENEVIÈVE..................... 1
LES GUÊPES.................... 6
HISTOIRE DE ROSE ET JEAN DUCHEMIN... 1
HORTENSE...................... 1
MENUS PROPOS.................. 1
MIDI A QUATORZE HEURES........ 1
LA PÊCHE EN EAU DOUCE ET EN EAU SALÉE. 1
LA PÉNÉLOPE NORMANDE.......... 1
UNE POIGNÉE DE VÉRITÉS........ 1
PROMENADES HORS DE MON JARDIN.. 1
RAOUL......................... 1
ROSES NOIRES ET ROSES BLEUES... 1
LES SOIRÉES DE SAINTE-ADRESSE.. 1
SOUS LES ORANGERS............. 1
SOUS LES TILLEULS............. 1
TROIS CENTS PAGES............. 1
UNE HEURE TROP TARD........... 1

KAUFFMANN
BRILLAT LE MENUISIER.......... 1

HENRI DE KOCK
MADEMOISELLE MA FEMME......... 1

LÉOPOLD KOMPERT *Trad. L. Stauben*
LES JUIFS DE LA BOHÊME........ 1
SCÈNES DU GHETTO.............. 1

DE LACRETELLE
LA POSTE AUX CHEVAUX.......... 1

Mme LAFARGE *née Marie Cappelle*
HEURES DE PRISON.............. 1
MÉMOIRES...................... 1

CHARLES LAFONT
LES LÉGENDES DE LA CHARITÉ.... 1

G. DE LA LANDELLE
LES PASSAGÈRES................ 1

STEPHEN DE LA MADELAINE
LE SECRET D'UNE RENOMMÉE...... 1

JULES DE LA MADELÈNE
LES AMES EN PEINE............. 1
LE MARQUIS DES SAFFRAS........ 1

A. DE LAMARTINE
ANTAR......................... 1
BALZAC ET SES ŒUVRES.......... 1
BENVENUTO CELLINI............. 1
BOSSUET....................... 1
CHRISTOPHE COLOMB............. 1
CICÉRON....................... 1
LES CONFIDENCES............... 1
LE CONSEILLER DU PEUPLE....... 6
CROMWELL...................... 1
FÉNELON....................... 1
LES FOYERS DU PEUPLE.......... 2
GENEVIÈVE. Histoire d'une servante.... 1
GUILLAUME TELL................ 1
HÉLOÏSE ET ABÉLARD............ 1

A. DE LAMARTINE (Suite) vol.

HOMÈRE ET SOCRATE	1
JACQUARD — GUTENBERG	1
JEAN-JACQUES ROUSSEAU	1
JEANNE D'ARC	1
Mme DE SÉVIGNÉ	1
NELSON	1
RÉGINA	1
RUSTEM	1
TOUSSAINT LOUVERTURE	1
VIE DU TASSE	1

L'ABBÉ DE LAMENNAIS

LE LIVRE DU PEUPLE, avec une étude de M. Ernest Renan	1
PAROLES D'UN CROYANT, avec une étude de Sainte-Beuve	1

CHARLES DE LA ROUNAT

LA COMÉDIE DE L'AMOUR	1

H. DE LATOUCHE

ADRIENNE	1
AYMAR	1
CLÉMENT XIV ET CARLO BERTINAZZI	1
FRAGOLETTA	1
FRANCE ET MARIE	1
GRANGENEUVE	1
LÉO	1
UN MIRAGE	1
OLIVIER BRUSSON	1
LE PETIT PIERRE	1
LA VALLÉE AUX LOUPS	1

CHARLES LAVOLLÉE

LA CHINE CONTEMPORAINE	1

CARLE LEDHUY

LE CAPITAINE D'AVENTURES	1
LE FILS MAUDIT	1
LA NUIT TERRIBLE	1

LOUIS LURINE

ICI L'ON AIME	1

CHARLES MAGNIN

HISTOIRE DES MARIONNETTES	1

FÉLICIEN MALLEFILLE

MARCEL	1
MÉMOIRES DE DON JUAN	2
MONSIEUR CORBEAU	1

Mle C. | E MARCELLUS

CHANTS POPUL. DE LA GRÈCE MODERNE	1

MARIVAUX

THÉÂTRE. Av. notice de P. de St-Victor	1

X. MARMIER de l'Acad. française

AU BORD DE LA NÉVA	1
LES DRAMES INTIMES	1
EN CHEMIN DE FER	1
UNE GRANDE DAME RUSSE	1
HISTOIRES ALLEMANDES ET SCANDINAVES	1

LE DOCTEUR FÉLIX MAYNARD

UN DRAME DANS LES MERS BORÉALES	1
VOYAGES ET AVENTURES AU CHILI	1

LE CAPITAINE MAYNE-REID
Traduction Allyre Bureau

LES CHASSEURS DE CHEVELURES	1

MÉRY

UN AMOUR DANS L'AVENIR	v
ANDRÉ CHÉNIER	
LE BONNET VERT	
LE CARNAVAL DE PARIS	
LA CHASSE AU CHASTRE	
LE CHATEAU VERT	
UNE CONSPIRATION AU LOUVRE	
LES DAMNÉS DE L'INDE	
LE DERNIER FANTOME	
LES DEUX AMAZONES	
UNE HISTOIRE DE FAMILLE	
UN HOMME HEUREUX	
UN MARIAGE DE PARIS	
M. AUGUSTE	
LES NUITS ANGLAISES	
LES NUITS ITALIENNES	
UNE NUIT DU MIDI	
SALONS ET SOUTERRAINS DE PARIS	
LE TRANSPORTÉ	
TRAFALGAR	
URSULE	
LA VIE FANTASTIQUE	

PAUL MEURICE

LES TYRANS DE VILLAGE	1

EUGÈNE DE MIRECOURT

MASANIELLO. LE PÊCHEUR DE NAPLES	1

PAUL DE MOLÈNES

AVENTURES DU TEMPS PASSÉ	1
CARACTÈRES ET RÉCITS DU TEMPS	1
CHRONIQUES CONTEMPORAINES	1
HISTOIRES INTIMES	1
HISTOIRES SENTIMENTALES ET MILITAIRES	1
MÉM. D'UN GENTILH. DU SIÈCLE DERNIER	1

MOLIÈRE

ŒUVRES COMPLÈTES, — *Nouvelle édition* publiée par *Philarète Chasles*	5

HENRY MONNIER

MÉMOIRES DE M. JOSEPH PRUDHOMME	2

CHARLES MONSELET

LES FEMMES QUI FONT DES SCÈNES	1

LE COMTE DE MONTALIVET

RIEN ! 18 années de gouvernement parlementaire. 3e *édition*	1

LE COMTE DE MOYNIER

BOHÉMIENS ET GRANDS SEIGNEURS	1

HÉGÉSIPPE MOREAU

ŒUVRES, avec notice par *L. Ratisbonne*	1

FÉLIX MORNAND

BERNERETTE	1

HENRY MURGER

LES BUVEURS D'EAU	1
LE DERNIER RENDEZ-VOUS	1
MADAME OLYMPE	
LE PAYS LATIN	
PROPOS DE VILLE ET PROPOS DE THÉÂTRE	1
LE ROMAN DE TOUTES LES FEMMES	
LE SABOT ROUGE	
SCÈNES DE CAMPAGNE	
SCÈNES DE LA VIE DE BOHÈME	1
SCÈNES DE LA VIE DE JEUNESSE	1
LES VACANCES DE CAMILLE	1

COLLECTION MICHEL LÉVY — 1 FR. 25 C. LE VOLUME 27

A. DE MUSSET, DE BALZAC, G. SAND vol.
LES PARISIENNES A PARIS.................. 1

PAUL DE MUSSET
LA BAVOLETTE............................ 1
PUYLAURENS.............................. 1

NADAR
LE MIROIR AUX ALOUETTES................. 1
QUAND J'ÉTAIS ÉTUDIANT.................. 1

HENRI NICOLLE
LE TUEUR DE MOUCHES..................... 1

JULES NORIAC
MADEMOISELLE POUCET..................... 1

ÉDOUARD OURLIAC
LES GARNACHES........................... 1

PAUL PERRET
LES BOURGEOIS DE CAMPAGNE............... 1
HISTOIRE D'UNE JOLIE FEMME.............. 1

LAURENT PICHAT
LA PAÏENNE.............................. 1

AMÉDÉE PICHOT
LE CHEVAL-ROUGE......................... 1
UN DRAME EN HONGRIE..................... 1
L'ÉCOLIER DE WALTER SCOTT............... 1
LA FEMME DU CONDAMNÉ.................... 1
LES POÈTES AMOUREUX..................... 1

EDGAR POE Tr. Ch. Baudelaire
AVENTURES D'ARTHUR GORDON PYM........... 1
EUREKA.................................. 1
HISTOIRES EXTRAORDINAIRES............... 1
HISTOIRES GROTESQUES ET SÉRIEUSES....... 1
NOUVELLES HISTOIRES EXTRAORDINAIRES..... 1

F. PONSARD de l'Acad. française
ÉTUDES ANTIQUES......................... 1

A. DE PONTMARTIN
CONTES D'UN PLANTEUR DE CHOUX........... 1
CONTES ET NOUVELLES..................... 1
LA FIN DU PROCÈS........................ 1
MÉMOIRES D'UN NOTAIRE................... 1
OR ET CLINQUANT......................... 1
POURQUOI JE RESTE A LA CAMPAGNE......... 1

L'ABBÉ PRÉVOST
MANON LESCAUT, précédée d'une Étude par *John Lemoinne*.............. 1

RABELAIS
ŒUVRES COMPLÈTES publiées par *Philarète Chasles*.................... 5

ANNE RADCLIFFE Trad. N. Fournier
LA FORÊT OU L'ABBAYE DE SAINT-CLAIR.
L'ITALIEN OU LE CONFESSIONNAL DES PÉNITENTS NOIRS...................... 1
JULIA OU LES SOUTERRAINS DU CHATEAU DE MAZZINI........................... 1
LES MYSTÈRES DU CHATEAU D'UDOLPHE....... 2
LES VISIONS DU CHATEAU DES PYRÉNÉES.... 1

RAOUSSET-BOULBON
UNE CONVERSION.......................... 1

ERNEST RENAN
JÉSUS. 18ᵉ édition...................... 1

B.-H. REVOIL *Traducteur*
LE DOCTEUR AMÉRICAIN.................... 1
LES HAREMS DU NOUVEAU-MONDE............. 1

LOUIS REYBAUD
CE QU'ON PEUT VOIR DANS UNE RUE......... 1
CÉSAR FALEMPIN.......................... 1
LA COMTESSE DE MAULÉON.................. 1
LE COQ DU CLOCHER....................... 1

LOUIS REYBAUD (Suite) vol.
LE DERNIER DES COMMIS-VOYAGEURS......... 1
ÉDOUARD MONGERON........................ 1
L'INDUSTRIE EN EUROPE................... 1
JÉRÔME PATUROT à la recherche de la meilleure des Républiques............. 1
JÉRÔME PATUROT à la recherche d'une position sociale..................... 1
MARIE BRONTIN........................... 1
MATHIAS L'HUMORISTE..................... 1
PIERRE MOUTON........................... 1
LA VIE A REBOURS........................ 1
LA VIE DE CORSAIRE...................... 1

W. REYNOLDS
LES DRAMES DE LONDRES :
 — LES FRÈRES DE LA RÉSURRECTION........ 1
 — LA TAVERNE DU DIABLE................. 1
 — LES MYSTÈRES DU CABINET NOIR......... 1
 — LES MALHEURS D'UNE JEUNE FILLE....... 1
 — LE SECRET DU RESSUSCITÉ.............. 1
 — LE FILS DU BOURREAU.................. 1
 — LES PIRATES DE LA TAMISE............. 1
 — LES DEUX MISÉRABLES.................. 1
 — LES RUINES DU CHATEAU DE RAVENSWORTH............................ 1
 — LE NOUVEAU MONTE-CRISTO.............. 1

RÉGINA ROCHE Trad. N. Fournier
LA CHAPELLE DU VIEUX CHATEAU............ 1

CLÉMENCE ROBERT
LES ANGES DE PARIS...................... 1
L'AVOCAT DU PEUPLE...................... 1
MANDRIN................................. 1
LES MENDIANTS DE LA MORT................ 1
LES MENDIANTS DE PARIS.................. 1
LA MISÈRE DORÉE......................... 1
LE PASTEUR DU PEUPLE.................... 1
LES QUATRE SERGENTS DE LA ROCHELLE...... 1

HIPPOLYTE RODRIGUES
LES TROIS FILLES DE LA BIBLE............ 1

AMÉDÉE ROLLAND
LES MARTYRS DU FOYER.................... 1

JEAN ROUSSEAU
PARIS DANSANT........................... 1

JULES DE SAINT-FÉLIX
LE GANT DE DIANE........................ 1
MADEMOISELLE ROSALINDE.................. 1
SCÈNES DE LA VIE DE GENTILHOMME......... 1

GEORGE SAND
ADRIANI................................. 1
LES AMOURS DE L'AGE D'OR................ 1
LES BEAUX MESSIEURS DE BOIS-DORÉ........ 2
LE CHATEAU DES DÉSERTES................. 1
LE COMPAGNON DU TOUR DE FRANCE.......... 2
LA COMTESSE DE RUDOLSTADT............... 2
CONSUELO................................ 3
LES DAMES VERTES........................ 1
LA DANIELLA............................. 2
LE DIABLE AUX CHAMPS.................... 1
LA FILLEULE............................. 1
FLAVIE.................................. 1
HISTOIRE DE MA VIE...................... 10
L'HOMME DE NEIGE........................ 3
HORACE.................................. 1
ISIDORA................................. 1
JEANNE.................................. 1
LELIA — Métella — Melchior — Cora....... 2
LUCREZIA FLORIANI — Lavinia............. 1

GEORGE SAND (Suite)

	vol.
LE MEUNIER D'ANGIBAULT	1
NARCISSE	1
PAULINE	1
LE PÉCHÉ DE M. ANTOINE	2
LE PICCININO	2
PROMENADES AUTOUR D'UN VILLAGE	1
LE SECRÉTAIRE INTIME	1
SIMON	1
TEVERINO — Léone Léoni	1

JULES SANDEAU de l'Acad. franc.

	vol.
CATHERINE	1
LE JOUR SANS LENDEMAIN	1
MADEMOISELLE DE KEROUARE	1
SACS ET PARCHEMINS	1

EUGÈNE SCRIBE

	vol.
THÉATRE	9
— COMÉDIES-VAUDEVILLES	7
— OPÉRAS	1
— OPÉRAS-COMIQUES	1

FRÉDÉRIC SOULIÉ

	vol.
AU JOUR LE JOUR	1
LES AVENTURES DE SATURNIN FICHET	2
LE BANANIER — EULALIE PONTOIS	1
LE CHATEAU DES PYRÉNÉES	2
LE COMTE DE FOIX	1
LE COMTE DE TOULOUSE	1
LA COMTESSE DE MONRION	1
CONFESSION GÉNÉRALE	2
LE CONSEILLER D'ÉTAT	1
CONTES ET RÉCITS DE MA GRAND'MÈRE	1
CONTES POUR LES ENFANTS	1
LES DEUX CADAVRES	1
DIANE ET LOUISE	1
LES DRAMES INCONNUS	5
— LA MAISON N° 3 DE LA RUE DE PROVENCE	
— AVENTURES D'UN CADET DE FAMILLE	1
— LES AMOURS DE VICTOR BONSENNE	1
— OLIVIER DUHAMEL	2
UN ÉTÉ A MEUDON	1
LES FORGERONS	1
HUIT JOURS AU CHATEAU	1
LE LION AMOUREUX	1
LA LIONNE	1
LE MAGNÉTISEUR	1
LE MAÎTRE D'ÉCOLE	1
UN MALHEUR COMPLET	1
MARGUERITE	1
LES MÉMOIRES DU DIABLE	3
LE PORT DE CRÉTEIL	1
LES PRÉTENDUS	1
LES QUATRE ÉPOQUES	1
LES QUATRE NAPOLITAINES	2
LES QUATRE SŒURS	1
UN RÊVE D'AMOUR — LA CHAMBRIÈRE	1
SATHANIEL	1
SI JEUNESSE SAVAIT; SI VIEILLESSE POUVAIT	2
LE VICOMTE DE BÉZIERS	1

ÉMILE SOUVESTRE

	vol.
LES ANGES DU FOYER	1
AU BORD DU LAC	1

ÉMILE SOUVESTRE (Suite)

	vol.
AU BOUT DU MONDE	1
AU COIN DU FEU	1
CAUSERIES HISTORIQUES ET LITTÉRAIRES	3
CHRONIQUES DE LA MER	1
LES CLAIRIÈRES	1
CONFESSIONS D'UN OUVRIER	1
CONTES ET NOUVELLES	1
DANS LA PRAIRIE	1
LES DERNIERS BRETONS	2
LES DERNIERS PAYSANS	1
DEUX MISÈRES	1
LES DRAMES PARISIENS	1
L'ÉCHELLE DE FEMMES	1
EN BRETAGNE	1
EN FAMILLE	1
EN QUARANTAINE	1
LE FOYER BRETON	2
LA GOUTTE D'EAU	1
HISTOIRES D'AUTREFOIS	1
L'HOMME ET L'ARGENT	1
LOIN DU PAYS	1
LA LUNE DE MIEL	1
LA MAISON ROUGE	1
LE MARI DE LA FERMIÈRE	1
LE MAT DE COCAGNE	1
LE MÉMORIAL DE FAMILLE	1
LE MENDIANT DE SAINT-ROCH	1
LE MONDE TEL QU'IL SERA	1
LE PASTEUR D'HOMMES	1
LES PÉCHÉS DE JEUNESSE	1
PENDANT LA MOISSON	1
UN PHILOSOPHE SOUS LES TOITS	1
PIERRE ET JEAN	1
PROMENADES MATINALES	1
RÉCITS ET SOUVENIRS	1
LES RÉPROUVÉS ET LES ÉLUS	2
RICHE ET PAUVRE	1
LE ROI DU MONDE	2
SCÈNES DE LA CHOUANNERIE	1
SCÈNES DE LA VIE INTIME	1
SCÈNES ET RÉCITS DES ALPES	1
LES SOIRÉES DE MEUDON	1
SOUS LA TONNELLE	1
SOUS LES FILETS	1
SOUS LES OMBRAGES	1
SOUVENIRS D'UN BAS-BRETON	2
SOUV. D'UN VIEILLARD. La dernière étape	1
SUR LA PELOUSE	1
THÉATRE DE LA JEUNESSE	1
TROIS FEMMES	1
TROIS MOIS DE VACANCES	1
LA VALISE NOIRE	1

MARIE SOUVESTRE

	vol.
PAUL FERROLL, traduit de l'anglais	1

DANIEL STAUBEN

	vol.
SCÈNES DE LA VIE JUIVE EN ALSACE	1

DE STENDHAL (H. BEYLE)

	vol.
DE L'AMOUR	1
LA CHARTREUSE DE PARME	1
CHRONIQUES ET NOUVELLES	1
PROMENADES DANS ROME	2
LE ROUGE ET LE NOIR	1

COLLECTION MICHEL LÉVY — 1 FR. 25 C. LE VOLUME

DANIEL STERN — vol.
- NÉLIDA 1

STERNE Trad. N. Fournier
- VOYAGE SENTIMENTAL, avec Notice de Walter-Scott 1

EUGÈNE SUE
- LA BONNE AVENTURE 2
- LE DIABLE MÉDECIN 3
- ADÈLE VERNEUIL 1
- CLÉMENCE HERVÉ 1
- LA GRANDE DAME 1
- LES FILS DE FAMILLE 3
- GILBERT ET GILBERTE 3
- LES SECRETS DE L'OREILLER 3
- LES SEPT PÉCHÉS CAPITAUX 6
- — L'ORGUEIL 2
- — L'ENVIE — LA COLÈRE 2
- — LA LUXURE — LA PARESSE 1
- — L'AVARICE — LA GOURMANDISE 1

Mme SURVILLE, née de Balzac
- BALZAC, SA VIE ET SES ŒUVRES 1

E. TEXIER
- AMOUR ET FINANCE 1

W. THACKERAY Trad. W. Hughes
- LES MÉMOIRES D'UN VALET DE PIED ... 1

LOUIS ULBACH
- SUZANNE DUCHEMIN 1
- LA VOIX DU SANG 1

OSCAR DE VALLÉE
- LES MANIEURS D'ARGENT 1

VALOIS DE FORVILLE — vol.
- LE COMTE DE SAINT-POL 1
- LE CONSCRIT DE L'AN VIII 1
- LE MARQUIS DE PAZAVAL 1

MAX. VALREY
- MARTHE DE MONTBRUN 1

V. VERNEUIL
- MES AVENTURES AU SÉNÉGAL 1

LE DOCTEUR L. VÉRON
- MÉMOIRES D'UN BOURGEOIS DE PARIS ... 5

PIERRE VÉRON
- LA COMÉDIE EN PLEIN VENT 1
- LA FAMILLE HASARD 1
- LA FOIRE AUX GROTESQUES 1
- MAISON AMOUR ET Cie 1
- LES MARCHANDS DE SANTÉ 1
- PARIS S'AMUSE 1
- LE ROMAN DE LA FEMME A BARBE 1
- LES SOUFFRE-PLAISIRS 1

L. VITET
- LES ÉTATS D'ORLÉANS 1

ALFRED DE VIGNY
- LAURETTE OU LE CACHET ROUGE 1
- LA VEILLÉE DE VINCENNES 1
- VIE ET MORT DU CAPITAINE RENAUD ... 1

CHARLES VINCENT ET DAVID
- LE TUEUR DE BRIGANDS 1

JULES DE WAILLY FILS
- SCÈNES DE LA VIE DE FAMILLE 1

FRANCIS WEY
- LONDRES IL Y A CENT ANS 1

E. YEMENIZ
- LA GRÈCE MODERNE 1

BIBLIOTHÈQUE A 50 CENTIMES
Jolis volumes format grand in-32, sur beau papier

UN ASTROLOGUE — vol.
- LA COMÈTE ET LE CROISSANT. Présages et prophéties sur la Guerre d'Orient ... 1

GUSTAVE CLAUDIN
- PALSAMBLEU 1

LOUISE COLET
- QUATRE POÈMES couronnés par l'Académie 1

ALEXANDRE DUMAS
- LA JEUNESSE DE PIERROT. Conte de fée ... 1
- MARIE DORVAL 1

HENRY DE LA MADELÈNE
- GERMAIN BARBE-BLEUE 1

LÉON PAILLET — vol.
- VOLEURS ET VOLÉS 1

J. PETIT-SENN
- BLUETTES ET BOUTADES 1

NESTOR ROQUEPLAN
- LES COULISSES DE L'OPÉRA 1

AURÉLIEN SCHOLL
- CLAUDE LE BORGNE 1

EDMOND TEXIER
- UNE HISTOIRE D'HIER 1

H. DE VILLEMESSANT
- LES CANCANS 1

COLLECTION FORMAT IN-32

1 FRANC LE VOLUME

Jolis volumes papier vélin

ÉMILE AUGIER vol.
LES PARIÉTAIRES. Poésies.................. 1
LE DUC D'AUMALE
LES ZOUAVES ET LES CHASSEURS A PIEDS.. 1
H. DE BALZAC
LES FEMMES............................... 1
THÉODORE DE BANVILLE
LES PAUVRES SALTIMBANQUES............ 1
LA VIE D'UNE COMÉDIENNE............... 1
GEORGES BELL
LE MIROIR DE CAGLIOSTRO................ 1
A. DE BELLOY
PHYSIONOMIES CONTEMPORAINES.......... 1
PORTRAITS ET SOUVENIRS................ 1
ALFRED BOUGEARD
LES MORALISTES OUBLIÉS................. 1
ALFRED DE BRÉHAT
LE CHATEAU DE KERMARIA................ 1
SÉRAPHINE DARISPE..................... 1
ALFRED BUSQUET
LA NUIT DE NOEL....................... 1
CHAMPFLEURY
MONSIEUR DE BOISDHYVER................ 4
PAUL DÉROULÈDE
CHANTS DU SOLDAT. 2e *édition*........ 1
ÉMILE DESCHANEL
LE BIEN et LE MAL qu'on a dit des
  enfants............................. 1
HISTOIRE DE LA CONVERSATION........... 1
LE MAL QU'ON A DIT DE L'AMOUR......... 1
XAVIER EYMA
EXCENTRICITÉS AMÉRICAINES............. 1
OL. GOLDSMITH Trad. A. *Esquiros*
VOYAGE D'UN CHINOIS EN ANGLETERRE..... 1
LÉON GOLZAN
UNE SOIRÉE DANS L'AUTRE MONDE......... 1
LE COMTE F. DE GRAMMONT
COMMENT on VIENT et COMMENT on
  S'EN VA............................. 1
CHARLES JOLIET
L'ESPRIT DE DIDEROT................... 1
LOUIS JOURDAN
LES PRIÈRES DE LUDOVIC................ 1
E. DE LA BÉDOLLIÈRE
HISTOIRE DE LA MODE EN FRANCE......... 1
A. DE LAMARTINE
LES VISIONS........................... 1

SAVINIEN LAPOINTE vol
MES CHANSONS...........................
LARCHER ET JULIEN
CE QU'ON a dit de la FIDÉLITÉ et de
  L'INFIDÉLITÉ.........................
ALBERT DE LASALLE
HISTOIRE DES BOUFFES PARISIENS........
ALFRED DE LÉRIS
LES VIEUX AMIS........................
TROIS NOUVELLES EN UN ACTE............
ALBERT LHERMITE
UN SCEPTIQUE S'IL VOUS PLAIT..........
Mme MANNOURY-LACOUR
ASPHODÈLES............................
SOLITUDES. 2e *édition*...............
MÉRY
LES AMANTS DU VÉSUVE..................
ANGLAIS ET CHINOIS....................
HISTOIRE D'UNE COLLINE................ 1
MICHELET
POLOGNE ET RUSSIE..................... 1
HENRY MURGER
BALLADES ET FANTAISIES................ 1
PROPOS DE VILLE ET PROPOS DE THÉATRE.. 1
EUGÈNE NOEL
RABELAIS.............................. 1
LA VIE DES FLEURS ET DES FRUITS....... 1
F. PONSARD
HOMÈRE. Poème......................... 1
JULES SANDEAU
OLIVIER............................... 1
***
PARIS CHEZ MUSARD..................... 1
P. J. STAHL
LES BIJOUX PARLANTS................... 1
L'ESPRIT DE VOLTAIRE.................. 1
DE L'AMOUR ET DE LA JALOUSIE.......... 1
LOUIS ULBACH
L'HOMME AUX CINQ LOUIS D'OR........... 1
LE DOCTEUR YVAN
CANTON. UN COIN DU CÉLESTE EMPIRE..... 1

MUSÉE LITTÉRAIRE CONTEMPORAIN
CHOIX DES MEILLEURS OUVRAGES DES AUTEURS MODERNES
10 Centimes la Livraison — Format in-4º à 2 colonnes

ROGER DE BEAUVOIR   fr. c.

LE CHEVALIER DE SAINT-GEORGES	» 90
LE CHEVALIER DE CHARNY	» 90

CHARLES DE BERNARD

UN ACTE DE VERTU	» 50
L'ANNEAU D'ARGENT	» 50
UNE AVENTURE DE MAGISTRAT	» 30
LA CINQUANTAINE	» 50
LA FEMME DE QUARANTE ANS	» 50
LE GENDRE	» 50
L'INNOCENCE D'UN FORÇAT	» 30
LA PEINE DU TALION	» 30
LE PERSÉCUTEUR	» 30

CHAMPFLEURY

LES GRANDS HOMMES DU RUISSEAU	» 60

LA COMTESSE DASH

LES GALANTERIES DE LA COUR DE LOUIS XV	3 »
— LA RÉGENCE	» 90
— LA JEUNESSE DE LOUIS XV	» 90
— LES MAÎTRESSES DU ROI	» 90
— LE PARC AUX CERFS	» 90

ALEXANDRE DUMAS

ACTÉ	» 90
AMAURY	» 90
ANGE PITOU	1 80
ASCANIO	1 50
AVENTURES DE JOHN DAVYS	1 80
LES BALEINIERS	1 30
LE BATARD DE MAULÉON	2 »
BLACK	» 90
LA BOULE DE NEIGE	» 90
BRIC-A-BRAC	1 20
LE CAPITAINE PAUL	» 70
LE CAPITAINE RICHARD	» 90
CATHERINE BLUM	» 70
CAUSERIES — LES TROIS DAMES	1 30
CÉCILE	» 90
CHARLES LE TÉMÉRAIRE	1 30

ALEXANDRE DUMAS (Suite)   f. c.

LE CHATEAU D'EPPSTEIN	1 50
LE CHEVALIER D'HARMENTAL	1 50
LE CHEVALIER DE MAISON-ROUGE	1 50
LE COLLIER DE LA REINE	2 50
LA COLOMBE	» 50
LES COMPAGNONS DE JÉHU	2 10
LE COMTE DE MONTE-CRISTO	4 »
LA COMTESSE DE CHARNY	4 50
LA COMTESSE DE SALISBURY	1 50
LES CONFESSIONS DE LA MARQUISE	1 70
CONSCIENCE L'INNOCENT	1 30
LA DAME DE MONSOREAU	2 50
LA DAME DE VOLUPTÉ	1 30
LES DEUX DIANE	2 20
LES DEUX REINES	1 50
DIEU DISPOSE	1 80
LES DRAMES DE LA MER	» 70
LA FEMME AU COLLIER DE VELOURS	» 70
FERNANDE	» 90
UNE FILLE DU RÉGENT	» 90
LES FRÈRES CORSES	» 60
GABRIEL LAMBERT	» 90
GAULE ET FRANCE	» 90
UN GIL-BLAS EN CALIFORNIE	» 70
GEORGES	» 90
LA GUERRE DES FEMMES	1 65
HISTOIRE D'UN CASSE-NOISETTE	» 50
L'HOROSCOPE	» 90
IMPRESSIONS DE VOYAGE :	
— UNE ANNÉE A FLORENCE	» 90
— L'ARABIE HEUREUSE	2 10
— LES BORDS DU RHIN	1 30
— LE CAPITAINE ARÉNA	» 90
— LE CORRICOLO	1 65
— DE PARIS A CADIX	1 65
— EN SUISSE	2 20
— LE MIDI DE LA FRANCE	1 30
— QUINZE JOURS AU SINAÏ	» 90
— LE SPÉRONARE	1 50
— LE VÉLOCE	1 65
— LA VILLA PALMIÉRI	» 90
INGÉNUE	1 80
ISABEL DE BAVIÈRE	1 30

ALEXANDRE DUMAS (Suite)   f. c.

ITALIENS ET FLAMANDS	1 50
IVANHOE de Walter Scott	1 70
JEHANNE LA PUCELLE	» 90
LES LOUVES DE MACHECOUL	2 50
MADAME DE CHAMBLAY	1 50
LA MAISON DE GLACE	1 50
MAITRE ADAM LE CALABRAIS	» 50
LE MAÎTRE D'ARMES	» 90
LES MARIAGES DU PÈRE OLIFUS	» 70
LES MÉDICIS	» 70
MES MÉMOIRES. (Complet)	8 »
— 1re série. (Séparément)	3 60
— 2e série. (—)	4 50
MÉM. DE GARIBALDI. (Complet)	1 30
— 1re série. (Séparément)	» 70
— 2e série. (—)	» 70
MÉMOIRES D'UNE AVEUGLE	1 70
MÉM. D'UN MÉDECIN — BALSAMO	4 »
LE MENEUR DE LOUPS	» 90
LES MILLE ET UN FANTÔMES	» 70
LES MOHICANS DE PARIS	3 60
LES MORTS VONT VITE	1 50
NOUVELLES	» 50
UNE NUIT A FLORENCE	» 70
OLYMPE DE CLÈVES	2 60
OTHON L'ARCHER	» 50
LE PAGE DU DUC DE SAVOIE	1 70
PASCAL BRUNO	» 50
LE PASTEUR D'ASHBOURN	1 80
PAULINE	» 50
LA PÊCHE AUX FILETS	» 50
LE PÈRE GIGOGNE	1 80
LE PÈRE LA RUINE	» 90
LA PRINCESSE FLORA	» 70
LES QUARANTE-CINQ	2 50
LA REINE MARGOT	1 65
LA ROUTE DE VARENNES	» 70
LE SALTÉADOR	» 70
SALVATOR	4 »
SOUVENIRS D'ANTONY	» 90
SYLVANDIRE	» 90
LE TESTAMENT DE M. CHAUVELIN	» 70
LES TROIS MOUSQUETAIRES	1 65
LE TROU DE L'ENFER	» 90
LA TULIPE NOIRE	» 90
LE VICOMTE DE BRAGELONNE	4 75
LA VIE AU DÉSERT	1 30
UNE VIE D'ARTISTE	» 70
VINGT ANS APRÈS	2 20

ALEXANDRE DUMAS FILS   f. c.

CÉSARINE	» 50
LA DAME AUX CAMÉLIAS	» 90
UN PAQUET DE LETTRES	» 50
LE PRIX DE PIGEONS	» 50

XAVIER EYMA

LES FEMMES DU NOUVEAU-MONDE	» 90

PAUL FÉVAL

LE BOSSU OU LE PETIT PARISIEN	4 »
LE FILS DU DIABLE	4 »
LE TUEUR DE TIGRES	» 90

CHARLES HUGO

LA BOHÈME DORÉE	1 50

CH. JOBEY

L'AMOUR D'UN NÈGRE	» 90

ALPHONSE KARR

FORT EN THÈME	» 70
LA PÉNÉLOPE NORMANDE	» 90
SOUS LES TILLEULS	» 90

A. DE LAMARTINE

LES CONFIDENCES	» 90
L'ENFANCE	» 50
GENEVIÈVE. Hist. d'une Servante	» 70
GRAZIELLA	» 60
LA JEUNESSE	» 60
RÉGINA	» 50

FÉLIX MAYNARD

L'INSURRECTION DE L'INDE. De Delhi à Cawnpore	» 70

MÉRY

UN ACTE DE DÉSESPOIR	» 50
LE BONHEUR D'UN MILLIONNAIRE	» 50
LE CHATEAU DES TROIS TOURS	» 70
LE CHATEAU D'UDOLPHE	» 50
UNE CONSPIRATION AU LOUVRE	» 90
LE DIAMANT A MILLE FACETTES	» 60
HISTOIRE DE CE QUI N'EST PAS ARRIVÉ	» 50
LES NUITS ANGLAISES	» 90
LES NUITS ITALIENNES	» 90
SIMPLE HISTOIRE	» 70

EUGÈNE DE MIRECOURT

	f.c.
LES CONFESSIONS DE MARION DELORME.	3 70
LES CONFESSIONS DE NINON DE LENCLOS....................	3 70

HENRY MURGER

LES AMOURS D'OLIVIER............	» 30
LE BONHOMME JADIS...............	» 30
MADAME OLYMPE....................	» 50
LA MAITRESSE AUX MAINS ROUGES....	» 30
LE MANCHON DE FRANCINE..........	» 30
SCÈNES DE LA VIE DE BOHÈME......	» 90
LE SOUPER DES FUNÉRAILLES.......	» 50

GEORGE SAND

ADRIANI.........................	» 90
LA DANIELLA.....................	1 80
LE DIABLE AUX CHAMPS............	» 90
ELLE ET LUI.....................	» 90
LA FILLEULE.....................	» 90
L'HOMME DE NEIGE................	2 20
JEAN DE LA ROCHE................	1 30
LES MAITRES SONNEURS............	1 10
LE MARQUIS DE VILLEMER..........	1 30
MONT-REVÈCHE....................	1 30
NARCISSE........................	» 90

JULES SANDEAU

SACS ET PARCHEMINS..............	» 90

SCRIBE

PROVERBES.......................	» 70

FRÉDÉRIC SOULIÉ

AU JOUR LE JOUR.................	» 70
AVENT. DE SATURNIN FICHET.......	1 30
LE BANANIER.....................	» 50
LA COMTESSE DE MONRION..........	» 70
CONFESSION GÉNÉRALE.............	1 80
LES DEUX CADAVRES...............	» 70
LES DRAMES INCONNUS.............	2 50
— LA MAISON N° 3, RUE DE PROVENCE............................	» 70
— LES AVENTURES D'UN CADET DE FAMILLE.....................	» 70
— LES AMOURS DE VICTOR BONSENNE..........................	» 70
— OLIVIER DUHAMEL...............	» 70

FRÉDÉRIC SOULIÉ (Suite)

	f.c.
EULALIE PONTOIS.................	» 30
LES FORGERONS...................	» 70
HUIT JOURS AU CHATEAU...........	» 70
LE LION AMOUREUX................	» 30
LA LIONNE.......................	» 70
LE MAITRE D'ÉCOLE...............	» 50
MARGUERITE......................	» 50
LES MÉMOIRES DU DIABLE..........	2 »
LE PORT DE CRETEIL..............	» 70
LES QUATRE NAPOLITAINES.........	1 50
LES QUATRE SŒURS................	» 50
SI JEUNESSE SAVAIT, SI VIEILLESSE POUVAIT.................	1 50

ÉMILE SOUVESTRE

DEUX MISÈRES....................	» 90
L'HOMME ET L'ARGENT.............	» 70
JEAN PLEBEAU....................	» 50
LE MENDIANT DE SAINT-ROCH.......	» 70
PIERRE LANDAIS..................	» 50
LES RÉPROUVÉS ET LES ÉLUS.......	1 50
SOUVENIRS D'UN BAS-BRETON.......	1 50

EUGÈNE SUE

LA BONNE AVENTURE...............	1 50
LE DIABLE MÉDECIN...............	2 70
— LA FEMME SÉPARÉE DE CORPS ET DE BIENS.....................	» 90
— LA GRANDE DAME................	» 50
— LA LORETTE....................	» 30
— LA FEMME DE LETTRES...........	» 90
LA BELLE-FILLE..................	» 50
LES FILS DE FAMILLE.............	2 70
GILBERT ET GILBERTE.............	2 70
LES MÉMOIRES D'UN MARI..........	2 70
— UN MARIAGE DE CONVENANCES.....	1 50
— UN MARIAGE D'ARGENT...........	» 90
— UN MARIAGE D'INCLINATION......	» 50
LES SECRETS DE L'OREILLER.......	2 20
LES SEPT PÉCHÉS CAPITAUX........	5 »
— L'ORGUEIL.....................	1 50
— L'ENVIE.......................	» 90
— LA COLÈRE.....................	» 70
— LA LUXURE.....................	» 70
— LA PARESSE....................	» 50
— L'AVARICE.....................	» 50
— LA GOURMANDISE................	» 50

VALOIS DE FORVILLE

LE CONSCRIT DE L'AN VIII........	» 90

BROCHURES DIVERSES

ÉMILE AUGIER
DISCOURS DE RÉCEPTION A L'ACADÉMIE FRANÇAISE............ 1 »

LE DUC D'AUMALE
LA QUESTION ALGÉRIENNE à propos de la lettre adressée par l'empereur au maréchal de Mac-Mahon......... 1 »

LOUIS BLANC
LA RÉVOLUTION DE FÉVRIER AU LUXEMBOURG................. 1 »

BLANQUI ET ÉMILE DE GIRARDIN
DE LA LIBERTÉ DU COMMERCE ET DE LA PROTECTION DE L'INDUSTRIE.... 2 »

H. BLAZE DE BURY
M. LE COMTE DE CHAMBORD — UN MOIS A VENISE.............. 1 »

BONNAL
ABOLITION DU PROLÉTARIAT........ 1 »
LA FORCE ET L'IDÉE............. 1 »

G. BOULLAY
RÉORGANISATION ADMINISTRATIVE..... 1 »

CHAMPFLEURY
RICHARD WAGNER................ » 50

GUSTAVE CHAUDEY
DE L'ÉTABLISSEMENT DE LA RÉPUBLIQUE. 1 »

RENÉ CLÉMENT
ÉTUDE SUR LE THÉATRE ANTIQUE.... 1 »

ATHANASE COQUEREL FILS
LE BON SAMARITAIN, sermon...... » 50
LE CATHOLICISME ET LE PROTESTANTISME considérés dans leur origine et leur développement............ 1 »
LES CHOSES ANCIENNES ET LES CHOSES NOUVELLES................... » 50
L'ÉGOÏSME DEVANT LA CROIX, sermon sur Luc..................... » 50
PROFESSION DE FOI CHRÉTIENNE.... » 50
LA SCIENCE ET LA RELIGION, sermon » 50
SERMON D'ADIEU prêché dans l'église de l'Oratoire................ » 50

L. COUTURE
DU BONAPARTISME DANS L'HISTOIRE DE FRANCE..................... 1 »
DU GOUVERNEMENT HÉRÉDITAIRE EN FRANCE..................... 1 50

UN CURÉ
A NOTRE SAINT-PÈRE LE PAPE..... 1 »

CHARLES DIDIER
QUESTION SICILIENNE............ 1 »
UNE VISITE AU DUC DE BORDEAUX.... 1 »

ERNEST DESJARDINS
NOTICE SUR LE MUSÉE NAPOLÉON III et promenade dans les galeries.... » 50

DUFAURE
LE DROIT AU TRAVAIL............ » 30

ALEXANDRE DUMAS
RÉVÉLATIONS SUR L'ARRESTATION D'ÉMILE THOMAS................... »

ALEXANDRE DUMAS FILS
UNE LETTRE SUR LES CHOSES DU JOUR 1
UNE NOUVELLE LETTRE SUR LES CHOSES DU JOUR............... 1
NOUVELLE LETTRE DE JUNIUS A SON AMI A.-D. révélations sur les principaux personnages de la guerre actuelle, 4e *édition*............ 2

ADRIEN DUMONT
LES PRINCIPES DE 1789........... 1

LÉON FAUCHER
LE CRÉDIT FONCIER............. »

GUSTAVE FLAUBERT
LETTRE A LA MUNICIPALITÉ DE ROUEN au sujet d'un vote concernant Louis Bouilhet................. »

OCTAVE FEUILLET
DISCOURS DE RÉCEPTION A L'ACADÉMIE FRANÇAISE................. 2

LE MARQUIS DE GABRIAC
DE L'ORIGINE DE LA GUERRE D'ITALIE. 1

LE COMTE A. DE GASPARIN
LA DÉCLARATION DE GUERRE, 2e *édit.* »
LES RÉCLAMATIONS DES FEMMES.... 1

ÉMILE DE GIRARDIN
L'ABOLITION DE L'AUTORITÉ....... 1
ABOLITION DE L'ESCLAVAGE MILITAIRE. 1
AVANT LA CONSTITUTION.......... 1
LA CONSTITUANTE ET LA LÉGISLATIVE. 1
LE DROIT DE TOUT DIRE.......... 1
L'ÉQUILIBRE FINANCIER PAR LA RÉFORME ADMINISTRATIVE........ 1
L'EXPROPRIATION ABOLIE PAR LA DETTE FONCIÈRE CONSOLIDÉE........ 2
LE GOUVERNEMENT LE PLUS SIMPLE.. 1
JOURNAL D'UN JOURNALISTE AU SECRET. 1
LA NOTE DU 14 DÉCEMBRE......... 1
L'ORNIÈRE DES RÉVOLUTIONS....... 1
LA PAIX. 2e *édition*............ 1
RESPECT DE LA CONSTITUTION..... 1
LE SOCIALISME ET L'IMPÔT....... 1
SOLUTION DE LA QUESTION D'ORIENT.. »

GLADSTONE
DEUX LETTRES au lord Aberdeen sur les poursuites politiques exercées par le gouvernement napolitain..................... 1

JULES GOUACHE
LES VIOLONS DE M. MARRAST.......

EUGÈNE GRANGÉ
LES VERSAILLAIS, chansons....... 1

LE COMTE D'HAUSSONVILLE
CONSULTATION DE MM. LES BATONNIERS DE L'ORDRE DES AVOCATS.
LETTRE AUX BATONNIERS DE L'ORDRE DES AVOCATS............... 1
M. DE CAVOUR ET LA CRISE ITALIENNE. 1

LÉON HEUZET
CATALOGUE DE LA MISSION DE MACÉDOINE ET DE THESSALIE..........

VICTOR HUGO ET CRÉMIEUX f. c.
DISCOURS SUR LA PEINE DE MORT (Procès de l'Événement).................. 4 »

LOUIS JOURDAN
LA GUERRE A L'ANGLAIS. 2e édition. 1 »

LAMARTINE
DU DROIT AU TRAVAIL............ » 30
LETTRE AUX DIX DÉPARTEMENTS..... » 30
LA PRÉSIDENCE................. » 30
DU PROJET DE CONSTITUTION...... » 30
UNE SEULE CHAMBRE............. » 30

ÉDOUARD LEMOINE
ABDICATION DU ROI LOUIS-PHILIPPE.. » 50

JOHN LEMOINNE
AFFAIRES DE ROME.............. 1 »

A. LEYMARIE
HISTOIRE D'UNE DEMANDE EN AUTORISATION DE JOURNAL.—Simple question de propriété............... 2 »

ÉTIENNE MAURICE
DÉCENTRALISATION ET DÉCENTRALISATEURS.................. 1 »

LE COMTE DE MONTALIVET
CONFISCATION DES BIENS DE LA FAMILLE D'ORLÉANS.—Souvenirs historiques..................... » 50
OBSERVATIONS SUR LE PROJET DE LOI RELATIF AUX CONSEILS GÉNÉRAUX.. 1 »
LE ROI LOUIS-PHILIPPE ET SA LISTE CIVILE....................... » 50

LE BARON DE NERVO
L'ADMINISTRATION DES FINANCES SOUS LA RESTAURATION............. 1 »
LES FINANCES DE LA FRANCE SOUS LE RÈGNE DE NAPOLÉON III........ 1 »

D. NISARD
LES CLASSES MOYENNES EN ANGLETERRE ET LA BOURGEOISIE EN FRANCE...................... 1 »
DISCOURS PRONONCÉ A L'ACADÉMIE FRANÇAISE, en réponse au discours de réception de M. Ponsard...... 1 »

UN PAYSAN CHAMPENOIS
A TIMON sur son projet de Constitution...................... » 50

CASIMIR PERIER
LE BUDGET DE 1863............. 1 »
LA RÉFORME FINANCIÈRE DE 1862... 1 »

GEORGES PERROT f. c.
CATALOGUE DE LA MISSION D'ASIE-MINEURE..................... » 50

ANSELME PETETIN
DE L'ANNEXION DE LA SAVOIE. 2e éd. 1 »

H. PLANAVERGNE
NOUVEAU SYSTÈME DE NAVIGATION, fondé sur le principe de l'envergence des corps roulants sur l'eau. 1 50

A. PONROY
LE MARÉCHAL BUGEAUD........... 1 »

F. PONSARD
DISCOURS DE RÉCEPTION A L'ACADÉMIE FRANÇAISE................... 1 »

PRÉVOST-PARADOL
LES ÉLECTIONS DE 1863........... 1 »
DU GOUVERNEMENT PARLEMENTAIRE ET DU DÉCRET DU 24 NOVEMBRE..... 1 »
DE LA LIBERTÉ DES CULTES EN FRANCE 1 »
DEUX LETTRES SUR LA RÉFORME DU CODE PÉNAL.................. 1 »
QUELQUES RÉFLEXIONS SUR NOTRE SITUATION INTÉRIEURE............ » 50

ESPRIT PRIVAT
LE DOIGT DE DIEU............... 1 »

ERNEST RENAN
CATALOGUE DES OBJETS PROVENANT DE LA MISSION DE PHÉNICIE........ » 50
LA MONARCHIE CONSTITUTIONNELLE EN FRANCE...................... 1 »
LA PART DE LA FAMILLE ET DE L'ÉTAT DANS L'ÉDUCATION............ » 50

SAINTE-BEUVE
A PROPOS DES BIBLIOTHÈQ. POPULAIRES » 50
DE LA LIBERTÉ DE L'ENSEIGNEMENT SUPÉRIEUR.................... » 50
DE LA LOI SUR LA PRESSE........ » 50

SAINT-MARC GIRARDIN
DU DÉCRET DU 24 NOVEMBRE ou de la réforme de la Constitution de 1852...................... 1 »

GEORGE SAND
LA GUERRE.................... 1 »

G. SAND ET V. BORIE
TRAVAILLEURS ET PROPRIÉTAIRES.... 1 »

THIERS
DU CRÉDIT FONCIER............. » 30
LE DROIT AU TRAVAIL............ » 30

LES FIGURES DU TEMPS
NOTICES BIOGRAPHIQUES

Par LEMERCIER DE NEUVILLE, Brochures grand in-18, avec des Photographies DE PIERRE PETIT

ROBERT HOUDIN. 1 fr. | Mme PETIPA............ 1 fr.

L'UNIVERS ILLUSTRÉ
JOURNAL PARAISSANT LE SAMEDI

Chaque numéro contient 16 pages format in-folio (8 de texte et 8 de gravures)
PRIX : 35 CENTIMES LE NUMÉRO
ABONNEMENT : UN AN, 24 FR. — SIX MOIS, 11 FR. — TROIS MOIS, 6 FR.
— *Pour plus de détails, demander le prospectus* —

LE JOURNAL DU DIMANCHE
LITTÉRATURE — HISTOIRE — VOYAGES — MUSIQUE
27 vol. sont en vente. Chaque vol. format in-4°, orné de 104 gravures. Prix : 3 fr.

LE JOURNAL DU JEUDI
LITTÉRATURE — HISTOIRE — VOYAGES
27 vol. sont en vente. Chaque vol. format in-4°, orné de 104 gravures. Prix : 3 f

LES BONS ROMANS
CHEFS-D'ŒUVRE DE LA LITTÉRATURE CONTEMPORAINE

Par VICTOR HUGO, ALEXANDRE DUMAS, GEORGE SAND, LAMARTINE, ALFRED DE MUSSET, EUGÈNE S
FRÉDÉRIC SOULIÉ, ALPHONSE KARR, CH. DE BERNARD, ALEX. DUMAS FILS, HENRY MURGER
HENRI CONSCIENCE, PAUL FÉVAL, ÉMILE SOUVESTRE, ETC., ETC.
21 vol. sont en vente. Chaque volume, format in-4°, orné de 104 gravures. Prix : 3 fr

BIBLIOTHÈQUE DE TOUT LE MONDE
COLLECTION DES MEILLEURS ROMANS DES AUTEURS CONTEMPORAINS
20 vol. in-4°, avec 2000 gravures environ. Prix : 60 fr.

DICTIONNAIRE DES NOMS PROPRES
OU ENCYCLOPÉDIE ILLUSTRÉE
DE BIOGRAPHIE, DE GÉOGRAPHIE, D'HISTOIRE ET DE MYTHOLOGIE
Par M. Dupiney de Vorepierre

L'ouvrage, imprimé sur papier de luxe et avec des caractères neufs, formera deux volumes grand in-4
publié en 120 livraisons, et sera enrichi :

DE 400 CARTES OU PLANS, DE 2,000 PORTRAITS ET DE 2,000 GRAVURES
Représentant des vues de villes, monuments ou sites remarquables, des types de races, etc.

50 centimes la livraison. — Chaque livraison se compose de deux feuilles de texte
et contient presque la matière d'un volume in-8°

DICTIONNAIRE FRANÇAIS ILLUSTRÉ
ET ENCYCLOPÉDIE UNIVERSELLE
Ouvrage qui peut tenir lieu de tous les vocabulaires et de toutes les encyclopédies
ENRICHI DE 20,000 FIG. GRAVÉES SUR CUIVRE PAR LES MEILLEURS ARTISTES
Dirigé par **M. Dupiney de Vorepierre**
ET RÉDIGÉ PAR UNE SOCIÉTÉ DE SAVANTS ET DE GENS DE LETTRES

169 livraisons à 50 centimes. Chaque livraison est composée de deux feuilles de texte
et contient la matière d'un volume in-8° ordinaire. L'ouvrage, composé en caractères entièrement neufs et imprimé s........ de luxe, forme deux magnifiques volumes grand in-4°............... Prix, broché : 80 fr.
Demi-reliure chagrin, plats toi............... Prix..... 92 fr.

Clichy. — Imp. PAUL DUPONT et Cie, rue Bac d'Asnières, 12.

MICHEL LÉVY FRÈRES ÉDITEURS

DERNIERS OUVRAGES PUBLIÉS FORMAT GRAND IN-18

à 3 fr. 50 c. le volume

OCTAVE FEUILLET vol.
Julia de Trécœur 1

GEORGE SAND
Nanon 1
Francia 1

A. DE PONTMARTIN
Le Filleul de Beaumarchais 1

EDMOND PLAUCHUT
Le Tour du monde en 120 jours .. 1

C.-A. SAINTE-BEUVE
Nouveaux Lundis 13
P.-J. Proudhon 1
Souvenirs et indiscrétions. — Le dîner du Vendredi-Saint, 2ᵉ édit. 1
Pensées ajournées 1

AMÉDÉE ACHARD
Les Rêves de Gilberte 1
Souvenirs personnels d'émeutes et de révolutions 1

ERNEST FEYDEAU
Le Lion devenu vieux 1

HECTOR MALOT
Souvenirs d'un blessé — Suzanne.. 1
Souvenirs d'un blessé — Miss Clifton. 1
Un Curé de Province 1
Un Miracle 1

JULES NORIAC
Dictionnaire des Amoureux, 5ᵉ édit. 1

JULES CLARETIE
Le Roman des soldats 1

COMTESSE DASH
L'Arbre de la Vierge 1
Le Fils naturel 1
Aventures d'une jeune mariée 1
Les Malheurs d'une reine 1

DUC DE BROGLIE
Vues sur le gouvernement de la France, publié par son fils. 2ᵉ éd. 1

COMTE A. DE GASPARIN
La France, nos fautes, nos périls, notre avenir 2

HENRI RIVIÈRE
Mlle d'Avremont 2

ÉMILE DE NAJAC vol.
Théâtre des gens du monde 1

EUGÈNE MANUEL
Pendant la guerre. — Poésies 1

PAUL FÉVAL
Le Vicomte Paul 1

LUDOVIC HALÉVY
L'Invasion, souvenirs et récits 1

A. TROGNON
Vie de Marie-Amélie, reine des Français. 4ᵉ édition 1

DRAPEYRON-SÉLIGMANN
Les Deux folies de Paris 1

P.-A. FIORENTINO
Les Grands guignols 2

ÉDOUARD CADOL
Madame Elise 1

PAUL DE SAINT-VICTOR
Barbares et bandits — La Prusse et la Commune, 4ᵉ édition 1

LE PRINCE DE JOINVILLE
Études sur la marine et récits de guerre, avec carte 2

ALPHONSE KARR
La Queue d'Or, 2ᵉ édition 1
La Promenade des Anglais 1

JULES JANIN
L'Interné, 2ᵉ édition 1

VICTOR HUGO
En Zélande, 2ᵉ édition 1

ALEXANDRE DUMAS FILS
Théâtre complet, avec préfaces inédites 4
Affaire Clémenceau, 11ᵉ édition .. 1

AUGUSTIN THIERRY
Œuvres complètes, Nouv. édition. 5

CHARLES BAUDELAIRE
Arthur Gordon Pym. — Eureka (traduction d'Edgar Poe) 1

HENRI HEINE
Satires et Portraits 1
Allemands et Français 1

CLICHY. — Impr. P. DUPONT et Cⁱᵉ, rue du Bac-d'Asnières, 12.